In der Teichlausitz

Lusatia Verlag Bautzen

In der Teichlausitz

Bilder aus dem Biosphärenreservat

Axel Gebauer

Mit Texten von
Peter Heyne und Frank Tausch

Für
meine vier Frauen Petra,
Franzi, Hanna und Gerda

Schuld-Sprüche

statt eines Vorwortes

Ein Schwarzspecht ist schuld an diesem Buch, weil er an einem herrlich warmen Frühlingsmorgen liebestoll rufend über ein Haus in der Dürrbacher Heide flog. An diesem Tag vor nunmehr zwölf Jahren war ich wieder einmal auf der Suche nach einem Nistplatz für unsere Familie. In diesem Moment schien aus meiner Sicht alles Gute dafür beisammen zu sein: Ein altes, mit vertretbarem Aufwand zu sanierendes Haus am Rande des Dorfes, mitten im Wald und keinen halben Kilometer von einem vogelreichen Teichgebiet entfernt. Alles Gute war dann zwar doch nicht beisammen, denn wir hatten eine Menge Arbeit mit dem Haus, aber seit unserem Einzug gibt es für mich den unschätzbaren Vorteil, nur noch aus dem Bett fallen zu müssen, um dem Hobby Naturfotografie nachgehen zu können.

Schuld an dem Buch sind auch die Menschen im Biosphärenreservat. Die angenehmen und hilfsbereiten Nachbarn, die hart arbeitenden Fischer, Bauern, Schäfer und Handwerker, die erfahrenen Imker, kenntnisreichen Herpetologen, Ornithologen, Säugetierkundler und Naturschützer, die engagierten Förster und Jäger oder die freundlichen Pensionswirte habe ich nicht erst während der Porträtaufnahmen für diesen Bildband kennen und schätzen gelernt. Die Nachbarn überraschen uns kurz vor Ostern mit einem zusätzlichen Kaninchen im Stall oder im Herbst mit einem Korb Kartoffeln auf der Treppe. Fischer und Jäger tolerieren, wenn ein verrückter Fotograf im Teich oder im Gebüsch sitzt. Die Tierkenner geben wertvolle Hinweise auf wichtige oder schöne Motive. Bauern und Schäfer helfen den Neuankömmlingen in der Heide mit Tipps für die Eigenproduktion von Essbarem. Die Imker schließlich versüßen so manche Frühstückssemmel mit leckerem Heidehonig.

Schuld an dem Buch sind auch die Bienenwölfe, die dem Imker weniger, dem Fotografen aber umso mehr gefallen. Sie nisten in einer kleinen Kolonie vor unserem Gartenzaun und an vielen anderen sonnigen Plätzen in der Kiefernheide. Der lateinische Gattungsname dieser Grabwespen ist Philantus (der Bienenfreund), denn er hat Bienen zum Fressen gern. Ich liebe ihn als Fotomotiv, sein Verhalten ist ausgesprochen interessant: Die nur 15 mm großen Weibchen kreisen mit der gelähmten Bienenbeute am Bauch in Achterschleifen über ihrer Höhle, ehe sie landen, um die paralysierte und damit haltbare Biene als Eiablageplatz und Futterreservoir für die Jungen zu deponieren.

Schuld an dem Buch sind auch die Moorfrösche der Teichlandschaft. Sie sind zur Paarungszeit blau, so dass ich sie trotz meiner Rot-Grün-Farbschwäche in ihren Laichgewässern problemlos erkennen kann. Die schwabbeligen Froschmännchen locken nicht nur die Weibchen mit ihren leisen bellenden Rufen an, sondern immer wieder

auch mich. Wenn man nur still genug mit Wathosen im Teich kniet und ihrem Treiben geduldig zuschaut, wird man sogar fast als »Artgenosse« anerkannt, dessen Finger schon mal als Weibchenersatz dienen können.

Schuld an dem Buch sind auch die Fischotter. Die Lausitzer Wassermänner ziehen mich immer wieder in ihren Bann. Im Görlitzer Naturschutz-Tierpark ist dies einfach, denn als Mitarbeiter kann ich sie dort regelmäßig beobachten. In den Dürrbacher Teichen sind Begegnungen mit den heimlichen Gesellen weitaus seltener und deshalb wahrscheinlich jede einzelne unvergesslich. Eine blieb jedoch besonders in meinem Gedächtnis haften: Bei der täglichen Fahrradrunde mit unserer Hündin sah ich zwei Otter mitten im Teich auf einem Bisamnest liegen. Fotoapparat und Watstiefel hatte ich natürlich nicht dabei. Schnell wie der Blitz waren wir wieder daheim. Die beiden Jungotter schliefen noch immer, als ich zurückkam und in den Teich stieg. Sie ließen eine Annäherung bis auf sechs Meter zu und trollten sich erst, als die Dunkelheit hereingebrochen und ein ausgiebiges Putzen absolviert war.

Schuld an dem Buch sind auch die wilden Gladiolen, die Moorveilchen, der Wasserschlauch, die Sandstrohblumen oder der Hasenklee. Ganz nah beieinander wachsen diese zum Teil sehr seltenen Schönheiten. Dünen, Sandtrockenrasen und Kiefernheiden wechseln sich ab mit Feuchtwiesen, moorigen Standorten und den von Menschen geschaffenen Teichen. Das zeigt die Vielfalt der seit Jahrhunderten gewachsenen Kulturlandschaft zwischen Bautzen, Niesky, Weißwasser und Hoyerswerda. Weil sie zudem eine der größten Teichlandschaften Europas ist, wurde sie 1996 als UNESCO-Biosphärenreservat in das Weltnaturerbe aufgenommen. Nur gut, dass mich der Schwarzspecht hierher entführte. Er ist schuld daran, dass nun ein kleiner Teil des landschaftlichen Reichtums der Oberlausitzer Heide- und Teichlandschaft in diesem Buch betrachtet werden kann.

Axel Gebauer

Im Reich der Wassermänner

Rohrkolben, Schilf und Seerosen spielen im Sommer eine Symphonie in Grün. Der Fischotter kann diesem Konzert täglich lauschen.

Fischotterspezialist und Schalk Reinhard Schipke zieht es regelmäßig hinaus in sein Otterrevier.

Im Reich der Wassermänner

Das Land der tausend Teiche ist nicht nur ein Dorado für die gefiederten Freunde des Wassers, hier befindet sich auch eines der wichtigsten Refugien des Fischotters, des scheuen Kobolds der Teiche. Selbst die Einheimischen sehen ihn nur selten und eher zufällig, und so ranken sich seit alters Sagen und Geschichten um den Wassermann, der mit seinem nächtlich verborgenen Treiben in Bächen und Fließen die Fantasie der Menschen anregt.

Reinhard Schipke weiß nicht nur die Sagen vom Wassermann zu erzählen. Wer ihm begegnet, kann sicher sein, aus einem reichen Schatz selbst erlebter Geschichten vom Fischotter zu hören, denn kaum ein anderer hat diese Tiere in der Natur so gut beobachtet wie er.

Sein Heimatdorf ist das von Teichen umgebene Wartha. Biegt man von der Hauptstraße ab und folgt dem Mühlgraben, scheint das Leben plötzlich gelassener zu verlaufen. Der Weg endet an Reinhard Schipkes Hof. Im ehemaligen Stall hat er sich eine Wohnung ausgebaut. Das alte Fachwerkhaus, das früher als Wohnhaus diente, ist von einer dichten Reihe Holz eingebaut und erinnert still an die Vergangenheit, es ist unbenutzt. Ich treffe Reinhard Schipke beim Holzhacken. Dicke Birkenkloben hat er unter der Axt, Wurfholz vom letzten Sturm, erklärt er. »Rundherum haben sie die Heizungen ja alle umgestellt, aber da fehlte uns das Geld, und so feuern wir heute noch mit Holz.«

Reinhard Schipke ist Jahrgang 41, Kurzhaarschnitt über einem runden Gesicht, aus den fröhlichen Augen blitzt ihm der Schalk, er wirkt agil und vital. Sein Anwesen liegt an einer Teichanlage, dort überwintern die Karpfen in eisfreien Becken, bis sie im zeitigen Frühjahr in die Teiche gesetzt werden. Die Teichwirtschaft folgt einem strengen, immer wiederkehrenden Rhythmus, davon profitieren auch die Fischotter. Reinhard Schipkes Wohnung gleicht einem Büro: Kopierer auf dem Flur, Bücherregale in jedem Raum, ein Computerarbeitsplatz, eine Leseecke und überall Bücher, Zeitschriften, Literaturkopien, Originalhandschriften. Akribisch trägt er naturwissenschaftliche Literatur zusammen, tauscht und sammelt, katalogisiert und – liest natürlich. Er ist stolz, dass Wissenschaftler aus Universitäten und Museen auf seine Schätze zurückgreifen und seine profunde Literaturkenntnis schätzen.

»In diesem Jahr steht es mit den Ottern wahnsinnig gut«, setzt Reinhard Schipke auf der Fahrt ins Warthaer Teichgebiet an und erzählt, wie vor etwa 25 Jahren seine Begeisterung für den Fischotter geweckt wurde. Damals wurde er Zeuge eines aufregenden Rivalenkampfes zweier Fischottermännchen. Er saß im Abendlicht am Ufer des Caminauer Altteiches, der eben mit Wasser gefüllt wurde. Die Sandrücken glänzten in der untergehenden Sonne und keine 50 Meter trennten ihn von den beiden Raufbolden, die so vertieft mitein-

Auch an Land können sich Fischotter recht behände fortbewegen.

ander rangen, dass sie den stillen Beobachter gar nicht bemerkten. Von diesem Tage an begann er, sich intensiv mit dieser Tierart zu beschäftigen. »Plötzlich sah ich überall die Zeichen der Otter und fragte mich: Wieso hast du das früher nicht bemerkt! Und wenn du dann die Spuren bis vor deine Haustür findest, fällt dir jeden Tag etwas auf. Und so habe ich angefangen, alle meine Beobachtungen aufzuschreiben.«

Reinhard Schipke sieht die Fischotter regelmäßig, einige Tiere kann er sogar unterscheiden. »Hier wohnt die alte Fähe«, erklärt er an einem für ungeübte Augen kaum erkennbaren Bau. Der Baueingang liegt wenige Zentimeter über der Wasseroberfläche und nur der blank gewetzte Boden des Teichdammes verrät die nächtliche Aktivität. Ganz nebenbei unterrichtet mich Reinhard Schipke in »Otterkunde«, die faszinierende Biologie dieser perfekt an ein Leben im und am Wasser angepassten Marderart.

Die Männchen messen von der Schnauzen- bis zur Schwanzspitze 120 bis 140 cm. Sie werden zwischen 6 und 11 kg schwer. Die Weibchen sind bei dieser Art etwas kleiner und leichter. Das dunkelbraune Fell dieser Tiere ist so dicht mit feinen Haaren besetzt, dass es auch im eisigen Wasser wärmt und kein Tropfen bis auf die Haut vordringt. 50 000 Haare pro cm^2 kann man auf einem Otterfell zählen, auf einem Menschenkopf sind es bestenfalls 600.

Die Otterautobahn im Moor ist nur einspurig, aber vom Revierinhaber stark »befahren«.

An einem zugefrorenen Teich machen wir Halt. Eine dünne Schneedecke liegt über der Fläche und lässt alle Spuren der Wassermänner sichtbar werden. Nur selten erkennt man an den breiten Fußabdrücken eines Otters die Schwimmhäute an den Vorder- und Hinterpfoten, die ihm seine grazilen Schwimmkünste ermöglichen. Aber auch auf dem Land bewegt sich der Fischotter behände und mit erstaunlicher Geschwindigkeit. Reinhard Schipke kann von vielen Zusammentreffen berichten, bei denen ihn das blitzschnelle Auftauchen und wieder Verschwinden in Erstaunen versetzte. »Einmal kam ich frühmorgens mit dem Fahrrad den Teichdamm entlanggefahren, blickte auf die Teiche und – peng wurde mein Vorderrad weggerissen. Ein Otter hatte mich beim Wechseln über den Weg nicht bemerkt und nun lagen wir beide da, aber er hatte sich viel eher aufgerappelt als ich, und im Nu war er weg.«

Mit dem richtigen Blick kann man an vielen Stellen die Markierungshügel, die »Grenzsteine« der Otter erkennen. Das sind rasch zusammengescharrte Erd- oder Schneehäufchen, auf denen gut sichtbar Kot und ein spezielles farbloses Markierungssekret abgesetzt werden, die dem Nachbarn signalisieren: Keinen Schritt weiter, hier ist mein Revier! Reinhard Schipke kniet sich nieder, greift vorsichtig eine Probe des wenig appetitlich anmutenden Sekretes mit den Fingern und nimmt mit nahezu verzücktem Gesicht eine Geruchsprobe: »Hier, absolut ottertypisch, vergisst man sein Lebtag nicht wieder!« Was da in die Nase steigt, ist sanfter Moschusgeruch, auch beim Markieren beweisen diese Tiere Stil.

Fischotter beanspruchen ihren eigenen Lebensraum zur Nahrungssuche und zur Jungenaufzucht. Männchen besitzen größere Reviere als Weibchen, bis zu 20 km² durchstreifen die Tiere

Die bis zu drei Meter hohen Stängel der Gemeinen Teichsimse stehen in der Vegetationszeit aufrecht im Wasser. Danach fallen sie in sich zusammen und bilden dabei bizarre Formen.

auf der Suche nach einem Geschlechtspartner oder günstigen Nahrungsquellen. Dabei legen sie lange Strecken sowohl zu Wasser als auch zu Land zurück. Davon kann auch Reinhard Schipke erzählen, allein in einer Nacht verfolgte er einen Otter 18 Kilometer weit.

Auf dem frischen Schnee entdeckt Reinhard Schipke Blutspuren und die Reste eines Karpfens, Otterspuren ringsum. »Hier hat er Abendbrot gegessen«, meint er lakonisch. 500 bis 1000 g Nahrung benötigt ein Fischotter je nach Größe täglich, das entspricht etwa 15 bis 20 Prozent seines Körpergewichtes. Hauptsächlich sind es Fische, aber auch Lurche, Krebse und Muscheln finden sich in Nahrungsresten. Das Ufer des Zuflussgrabens zu den Teichen ist mit Markierungshügeln übersät. »Hier geht die Otterautobahn entlang«, sagt Reinhard Schipke, während er die regelmäßig begangenen Pfade, Wechsel genannt, betrachtet.

Der Graben trägt eine dicke Eisschicht, abgesehen von ein paar runden Stellen, an denen nur eine dünne Eishaut die Wasseroberfläche bedeckt. »Das sind Eislöcher, die der Otter ständig freihält, um Zugang zum Wasser zu behalten.« Fischotter sind überwiegend dämmerungs- und nachtaktiv, neben ihrem überaus feinen Gehör ein Grund, weshalb die Tiere so selten zu beobachten sind.

Um die nächtlichen Aktivitäten der Tiere besser erfassen zu können, verwandelte Reinhard Schipke ausgediente Temperaturmessschreiber in Berührungsmesser. Spannte hauchdünne Drähte über die Wechsel und konnte so herausbekommen, wann und wie oft die Tiere ihre »Straßen« benutzten. Damals war er noch Schlosser im nahen Brikettierwerk, das inzwischen ein Museum ist, wie er mit leisem Bedauern erzählt. Anfang der neunziger Jahre wurde Reinhard Schipke arbeitslos. Seiner Otterleidenschaft jedoch hat das eher Auftrieb gegeben.

1995 fragte man den Fischotterspezialisten, ob er an einem Forschungsprojekt über die Lebensgewohnheiten dieser Tiere in den Lausitzer Teichen mitarbeiten wolle – für Reinhard Schipke die Erfüllung eines Traumes. Jahrhundertelang wurde den Ottern ihrer Vorliebe für Fische und ihres weichen Pelzes wegen nachgestellt. Jäger und Fischer bekämpften den Fischotter mit Hundemeuten, fingen ihn in Schlageisen und Netzen, erschossen und erschlugen ihn, wann immer er sich zeigte. Später war es der Verlust fischreicher

Es ist ein seltener Glücksfall, wenn man Fischotter in den Lausitzer Teichen zu Gesicht bekommt. Die extrem scheuen Tiere sind dämmerungs- und nachtaktiv.

Der Lausitzer Wassermann friert nie – 50 000 Haare pro cm^2 sorgen selbst im Eisloch für wohlige Körperwärme.

Otter spielen gern – dabei sitzt ihnen manchmal auch der Schalk im Nacken.

Nase, Auge und Ohr bilden eine Linie. So kann der Otter beim Schwimmen an der Wasseroberfläche alle Sinne problemlos nutzen. Die helle Unter- und die dunkle Oberseite schützen ihn vor den suchenden Blicken seiner Feinde und den ängstlichen seiner Beute.

Lebensräume als Folge der Verschmutzungen und des technischen Ausbaus der Gewässer, der die Bestände zusammenschrumpfen ließ.

Inzwischen ist der Tod durch den Straßenverkehr Hauptbedrohung für die Lausitzer Fischotter. Auf den Straßen, die durch die Teichlandschaft führen, werden jährlich zwischen 30 und 40 Fischotter überfahren. Auf die Dauer bleiben diese Verluste nicht ohne Wirkung.

Dem versucht man durch spezielle Ottertunnel zu begegnen. Reinhard Schipke ist froh, dass seine Kenntnisse über die Wanderwege und Aktivitäten seiner Lieblingstiere auf diese Weise eine praktische Anwendung finden. »An der Tunnelanlage gab es keine neuen Verkehrsopfer«, stellt er an dieser Stelle zufrieden fest.

Der Drosselrohrsänger lässt im Frühjahr einen lauten Gesang hören, dennoch ist er im Gewirr der Schilfhalme kaum auszumachen.

Fischer Funke

Das Schilf ist eine der wichtigsten Pflanzen der Teichlausitz. Allein 700 wirbellose Tierarten leben in ihm. Auch für Vögel ist es ein wichtiger Lebensraum. Große Rohrdommel, Teichrohrsänger und Rohrammer sind nur drei von insgesamt zehn Vogelarten, die ihre enge Bindung an das Schilfrohr sogar im Namen tragen.

Fischer Klaus Funke steigt beim Abfischen selbst in den Teich und greift beherzt zu.

Fischer Funke

»Fischer Funke – großes F und kleine Unke.« So stellt sich Klaus Funke vor, wenn man ihn trifft, lacht verschmitzt und ist bald am Erzählen. Er ist Herr über 34 Teiche, die zu seinem Betrieb gehören, und zählt mit 90 Hektar zu den kleineren Teichwirtschaften in der Gegend. Der Fischereihof liegt abseits vom Dorf, hier draußen wohnt er mit seiner Familie zwischen den Teichen und Wäldern und dem Weigersdorfer Fließ. In seinem Einmannunternehmen ist Klaus Funke für alles zuständig: sowohl für das Einsetzen und Füttern der Fische und das Abfischen im Herbst als auch für die ständige Pflege der Teiche, das Krauten der Gräben, die das Wasser heranführen und ableiten, und das Erneuern der Teichdämme.

Die Teiche sind oftmals jahrhundertealt. Angelegt wurden sie in Senken, oftmals waren es Moore, in der Nähe der kleinen Flüsse oder Bäche, um deren Wasser zu nutzen. Teiche müssen flach sein, damit sich ihr Wasser von der Sonne schnell erwärmen lässt, denn die Karpfen kommen ursprünglich aus den warmen Regionen Asiens. Erst wenn das Thermometer mehr als 22 °C Wassertemperatur anzeigt, fühlen sie sich richtig wohl und wachsen schnell genug. Aber nicht nur die Fische gedeihen in den flachen Gewässern bei guter Fütterung. Klaus Funke zeigt auf die Teppiche von schneeweiß blühendem Wasserhahnenfuß, die beinahe die ganze Fläche eines Teiches bedecken. Aus einem breiten Röhrichtstreifen am Ufer erschallt der Gesang des Drosselrohrsängers, er findet zwischen den Schilfhalmen alles, was er zum Leben braucht. Pfeilkraut und Igelkolben wachsen im flachen Uferbereich und da, wo sich Wasser und Land berühren, schiebt die Zwiebelbinse ihre knollige Wurzel aus dem weichen Boden. Überall begegnet man üppigem Leben. Doch nicht alles, was den Naturbeobachter begeistert, ist Grund zur Freude für den Fischer. »Heute hab ich Hahnenfuß geerntet«, erzählt Klaus Funke grinsend. Das heißt, sich in Wathosen durch den Teichschlamm kämpfen und das Pflanzengewirr mit Haken von der Wasseroberfläche ziehen, damit wieder freie Wasserstellen entstehen und die Sonnenstrahlen in das Wasser dringen können.

Röhrichte und Wasserpflanzen würden in wenigen Jahren einen Teich völlig bedecken. Deshalb muss der Fischer stetig für das Gleichgewicht sorgen und etwas dafür tun, dass Teiche und Gräben offen bleiben, ohne dass dabei Röhricht und Rohrsänger, Hahnenfuß und Libellen aus den Teichen verschwinden. Auf das Maß kommt es an. Klaus Funke lässt das eine wie das andere gelten. Für ihn gehört Röhricht zum Teich, so wie der Fischotter sich einen Karpfen holen darf, ohne des Fischers Zorn zu ernten. Der Tag müsste für ihn doppelt so lang sein, meint er. Die vielen kleinen Teiche liegen weit verstreut, etwa 20 Kilometer muss er jeden Tag bei der Futterrunde mit

Groß und alt können Karpfen werden. In den Teichwirtschaften allerdings nur die so genannten Laicher, mit denen die Lausitzer Fischer gesunden Nachwuchs in großer Zahl selbst aufziehen.

Frühaufsteher können in den Teichen imposante Lichtstimmungen erleben und zahlreichen seltenen Tierarten begegnen.

Teichtausendschönchen ist eine treffende Charakterisierung für den Wasserhahnenfuß. Im Frühsommer bedeckt er in manchen Gewässern große Flächen mit seinem leuchtend weißen Blütenteppich.

dem kleinen LKW zurücklegen, dabei nach den Wasserständen sehen, die Kormorane im Auge behalten, die auch frischen Karpfen zu schätzen wissen, und er muss auf den Gesundheitszustand seiner Fische achten. Vielgestaltig sind die Teiche je nachdem, wo und auf welche Weise sie entstanden sind.

Die Teiche werden direkt vom Weigersdorfer Fließ gespeist. Solange der Bach genug Wasser führt, muss sich Klaus Funke keine großen Sorgen machen, dass seine Fische zu wenig davon bekommen. Darüber hinaus führt der Bach Nährstoffe mit sich, von denen die Wasserpflanzen und unzählige Kleinlebewesen, Plankton, wie der Fischer es nennt, leben, die wiederum den Karpfen als Nahrung dienen. 150 bis 200 kg Karpfen können mit dieser Naturnahrung pro Jahr in einem Hektar Teich heranwachsen. Das ist nicht viel, und müsste ein Teichwirt nur mit diesem Ertrag auskommen, wären unsere Silvesterkarpfen unbezahlbar. So hilft der Fischer ein wenig nach und füttert gemahlenes Getreide hinzu. Mit diesem Zubrot werden es schon 600 bis 800 kg, die nach einem Jahr im Netz zappeln.

Viel schwieriger steht es mit den so genannten Himmelsteichen. Der Herrgottsteich zählt dazu. Hier führen nur ein paar kleine Gräben Wasser aus dem sie umgebenden Wald heran. Fallen längere Zeit keine Niederschläge, fehlt auch das Nass im Fischteich. In besonders trockenen

Jahren muss zuweilen sogar eine Notabfischung erfolgen, um die Karpfen vor dem drohenden Sauerstoffmangel zu bewahren. Die Quellen, die diese Gräben speisen, bringen nur sehr wenige Nährstoffe mit sich. So fällt auch das Pflanzenwachstum weniger üppig aus und die Nahrungstiere der Fische sind knapper. An solchen Teichen findet man weniger dichte Röhrichtgürtel, dafür aber häufig seltenere Wasserpflanzen wie den zartgelb blühenden Wasserschlauch, das Laichkraut und an den Ufern zuweilen sogar die sanftgrünen Polster der Torfmoose. An solchen Gewässern muss Klaus Funke sparsamer mit dem Zusatzfutter umgehen, sonst verdrängt das Schilf bald die kostbaren Seltenheiten.

Der Dreistachlige Stichling ist in Sachsen wieder so häufig, dass er nicht mehr als gefährdet gilt.

Durch die naturnahe Bewirtschaftung der Teiche haben im Biosphärenreservat viele Wildfische eine Chance zum Überleben. Die gefährdete Rotfeder beispielsweise ist hier regelmäßig zu finden.

Bild rechts: Herbstzeit ist für die Karpfenzüchter Erntezeit, es wird hart gearbeitet, viel gefroren, bei den Fischerfesten aber auch zünftig gefeiert.

Bei aller Arbeit, die der Fischer über das ganze Jahr zu leisten hat, bekommt er das Ergebnis dieser Mühe erst beim Abfischen im Herbst zu sehen, wenn die Teiche abgelassen sind und die Karpfen im Netz zappeln. Das ist wochenlange Schwerstarbeit, die Klaus Funke allein niemals bewältigen könnte. Dafür holt er sich Hilfe aus den umliegenden Dörfern. Das sind Männer, die anfassen können und nach stundenlanger Arbeit im novemberkalten Wasser auch einen wärmenden Schluck nicht verachten. Alle sind eingespielt und jeder kennt seine Handgriffe. In diesem Jahr ist die Ernte unter aller Erwartung, man sieht Klaus Funke die Enttäuschung an. »Das Frühjahr war zu kalt, das haben die Fische nicht mehr aufgeholt«, meint er, als er über die Bottiche blickt, in denen dicht an dicht die Ernte des Tages schwimmt.

Klaus Funke kennt das sensible Spiel der Naturkräfte an all seinen Teichen. »So ist eben Fischerei«, pflegt er zu sagen, wenn nicht alles wunschgemäß läuft. Als sich später ein Fischadler am Himmel blicken lässt, gerät der Fischer an diesem Tag doch noch in Begeisterung: »Wenn der dann plötzlich ins Wasser eintaucht und mit einem Fisch wieder hochkommt, ist das ein herrliches Erlebnis.«

Graugänse brüten gern in den Lausitzer Teichen, weil sie in den ausgedehnten Schilfbeständen Ruhe und Schutz finden

Im Herbst kann man in der Lausitzer Teichlandschaft Seeadlergruppen von bis zu 30 Tieren sehen, die sich am reich gedeckten Tisch laben. Beim Streit um die Beute vollführen sie akrobatische Flugsprünge, Saltos und Pirouetten.

Der feine Sand am Schnabel des farbenprächtigen Eisvogels verrät, dass er gerade dabei ist, in einer steilen Uferböschung seine Bruthöhle zu graben.

Der Teichbesucher

Wie kleine Gummibälle schnippen blaue Moorfroschmännchen an die Wasseroberfläche ihres Laichplatzes, wenn sie nach einer Störung wieder auftauchen.

Günter Lehmann genießt die Ruhe und Abgeschiedenheit seiner Lieblingsplätze. Dem pensionierten Forstarbeiter haben es kleine Weiher angetan, in denen er früher regelmäßig mit dem selbst gebauten Kescher nach Molchen und Wasserkäfern suchte.

Der Teichbesucher

Der Sonnentag hat mich verführt, mit dem Fahrrad die Tour durch den Wald zu nehmen. Der Sandweg über den Hügel, der Weinberg genannt wird, ist von Pferdehufen aufgewühlt, und die Fahrt beginnt mühselig zu werden, aber die Aussicht auf eine Rast am Schilfteich, an den ich bald kommen werde, erleichtert mir den Weg: die Erwartung eines Froschkonzertes, die Freude auf den Blick über die wogenden Schilfhalme und mit etwas Glück die Beobachtung der scheuen Zwergtaucher.

Als ich mich der Stelle nähere, die an einem schmalen Damm den Blick auf die Wasserfläche freigibt, trifft mich die Enttäuschung: Der Platz ist schon besetzt. Fast will ich ohne innezuhalten vorüberfahren, denn so stille Orte erlauben kein großes Publikum, da sehe ich die gelbe »Schwalbe« stehen und erkenne auch deren Besitzer, der versonnen am Wasser sitzt.

Ich halte an, stelle das Fahrrad ab und schaue dem Mann zu, der mich aus den Augenwinkeln mustert und wohl das gleiche denken mag wie auch ich eben noch. Dann streift ein Lächeln sein Gesicht: »Sie habe ich schon ein halbes Leben nicht mehr gesehen«, sagt er und rückt beiseite, um mir Platz zu machen. Ich setze mich und schaue eine Weile über das Wasser. Langsam kommen wir ins Gespräch. »Nur ein Zwergtaucherpaar hat dieses Jahr hier gebrütet, dafür waren die Moorfrösche sehr zahlreich.« Ich stelle mir vor, wie im zeitigen Frühjahr auf der Wasseroberfläche hunderte leuchtendblauer Moorfroschrücken zur Laichzeit in der Sonne blitzen, wenn sie im Prachtkleid nach einem Partner Ausschau halten und dabei glucksende Rufe von sich geben. Und da kommt Günter Lehmann, der sonst so schweigsame Mann, ins Erzählen über die Amphibien, seine Lieblingstiere. Vor vielen Jahren hielt er Zierfische und war regelmäßig an den Gewässern der Umgebung unterwegs, um Wasserflöhe zu fangen, bis ihm eines Tages ein Teichmolch in den Kescher ging: »Da waren die Zierfische vergessen«, erinnert er sich. Dafür ließen ihn die Lurche mit ihrem Leben zwischen Wasser und Land nicht mehr los. Von Günter Lehmanns Frau war jedoch zu erfahren, dass seine Schwärmerei für all das Getier im Wasser schon viel früher begonnen hatte: »Als Junge nahm ihn seine Mutter mit in eine Buchhandlung, und er sollte sich zum Geburtstag etwas aussuchen. Ohne zu zögern nahm er ein kleines Büchlein aus dem Regal. ›Am Tümpel vor der Stadt‹ hieß es und kein anderes wollte er haben.« Günter Lehmann besitzt es noch heute. Bei einem Besuch darauf angesprochen, geht er zum Bücherschrank und holt ein schmales Bändchen hervor, er muss nicht suchen. Liebevoll blättern seine Hände in den Seiten mit den kolorierten Zeichnungen. Seit 1952 hütet er diesen Schatz.

Alle heimischen Arten der inzwischen so selten gewordenen Schwanzlurche hat Günter

Gestützt auf die Stängel und geschützt durch das Blatt einer Seerose lugt ein Teichfrosch vorsichtig aus dem Wasser.

Lehmann zu Hause im Aquarium gehalten und beobachtet: Den Kammmolch, dessen farbenprächtige Männchen sich mit einem hohen Rückenkamm schmücken, den häufigeren Teichmolch, dessen Männchen in der Paarungszeit eine regenbogenbunte Bauchfärbung tragen, und auch den Bergmolch, die kleinste heimische Art mit der gelb-schwarz gebänderten Rückenleiste.

Günter Lehmann ist gelernter Schlosser, später hat er die Ausbildung als Forstfacharbeiter nachgeholt. Viele Jahre war der schmächtige Mann mit den schmalen Händen als Harzer in den Kiefernwäldern des Kreises Niesky unterwegs. Im Akkord hat er mit dem Bügelschaber die Borke von den Kiefern geschält und mit dem Harzhobel tiefe Rillen in die Stämme gegraben. Das goldgelbe Harz, das aus den Wunden der Bäume rann, wurde in gläsernen Töpfchen aufgefangen und diente als Grundlage für einen ganzen Industriezweig. Terpentin, Farben und Lacke wurden daraus gewonnen, bis 1990 billigere Importe diese Art der Nutzung beendeten. Nur noch in einigen alten Beständen erinnern heute die vernarbten Stämme, Lachten genannt, an ein fast vergessenes forstliches Handwerk. Neben der schweren Arbeit hatte Günter Lehmann immer auch Augen für die verborgene Schönheit, die ihn so reichhaltig umgab: »In den Harztöpfen fingen sich immer wieder Käfer und andere Insekten, da wollte ich doch wissen, welche Arten das sind.«

Mit glucksend-bellenden Rufen buhlt ein Moorfroschmännchen um das andere Geschlecht.

Bei seiner Arbeit in den Wäldern entdeckte er die stillen Heideweiher und die vergessenen Tongruben, die Waldwiesen und Quellbäche. Stets Kescher und Lupe im Rucksack suchte Günter Lehmann nach seinem anstrengenden Tagwerk nach versteckten Bewohnern in den Tümpeln. Man braucht ein sehr feines Gespür, um zu erkennen, ob ein Gewässer als Lebensraum für diese Arten geeignet ist oder nicht. Manche Arten lassen sich oft schon kilometerweit durch ihre Rufe ausmachen, wie die Rotbauchunken, deren glockenheller Ruf die Luft erfüllt, oder die Laubfrösche, wenn ihr vielstimmiges Konzert über den Teichen schwebt. So leicht machen es uns die im Verborgenen lebenden Molche mit ihren kaum hörbaren

Lautäußerungen nicht, und vielleicht gerade deshalb hat sich Günter Lehmann diesen Arten verschrieben. Viele Freizeitstunden hat er mit dem Nachweis und der Beobachtung der Wassermolche zugebracht, am liebsten tut er das allein, denn, so sagt er: »Beim Beobachten stört schon ein Zweiter.« Akribisch hat er in der Gegend zwischen Neiße und Schöps alle geeigneten Gewässer erforscht, in vielen die Molche oder andere Arten entdeckt. Wie alle Amphibien leben auch die heimischen Molche nur zeitweise im Wasser. Zur Paarungszeit im Februar und März verlassen sie ihre Landlebensräume im Umfeld der Gewässer und begeben sich auf eine kurze Wanderung zu ihren Laichplätzen.

Die Teiche in der Lausitz sind nur selten dafür geeignet, schon ein paar wenige Raubfische im Gewässer lassen den Larven kaum eine Überlebenschance.

Günter Lehmann zeigt mir einige der im Wald versteckten, glasklaren Gewässer, die wie Edelsteine im warmen Sonnenlicht leuchten. Stellenweise haben sich auf ihren Oberflächen prächtige Schwingrasen aus Torfmoosen ausgebildet, auch der blassgelbe Wasserschlauch blüht hier. Diese Umgebung schätzen Knoblauch- und Erdkröte, Rotbauchunke sowie Laubfrosch und haben sich hier angesiedelt. Günter Lehmann weiß aber auch, welche Wasserkäfer man hier antreffen kann, deren größte Vertreter, wie der

Der Laubfrosch besucht die Flachwasserbereiche meist nur zur Laichzeit im Mai. Ansonsten ist er als Kletterkünstler oft hoch oben in Eichen oder Weiden zu finden.

Die Zehen des Laubfrosches sind lang, kräftig gebaut, zusätzlich am Ende verbreitert und mit Haftpolstern versehen – eine ideale Konstruktion zum Klettern.

Kolbenwasserkäfer, sogar kleinere Jungfische erbeuten können.

Es scheint, als hätte sich der stille Mann gerade solchen Tierarten zugewandt, die ein ebenso stilles Leben bevorzugen wie er selbst. Seit vielen Jahren ist Günter Lehmann als ehrenamtlicher Naturschutzhelfer unzählige Stunden unterwegs gewesen. Er ist jemand, der geduldig und genau dokumentiert und den man fragen muss, will man etwas abbekommen von dem Schatz, den er in seinen Beobachtungsbüchern und in seinem Kopf aufbewahrt.

Dieser Kenntnis wegen rief man ihn 1992 an die untere Naturschutzbehörde. Fünf Jahre, bis zu seinem Ruhestand, war Günter Lehmann mit der gelben »Schwalbe« im ganzen Kreis unterwegs. Wenn er von dieser Zeit erzählt, blicken seine Augen schwärmerisch. Zusammen mit seinem viel redseligeren Kollegen kümmerte er sich um die praktischen Dinge des Naturschutzes: Darum, dass während der Brut keine Motorsäge die Ruhe an den Seeadlerhorsten stört, an den Kranichbrutplätzen kein Schilf geschnitten und beim Ablassen der Teiche das Umsetzen der Wildfische und Kaulquappen in andere Gewässer beachtet wird. Er legte mit Hand an bei der Wiederherstellung verlandeter Teiche oder beim Mähen der Orchideenwiesen, hat achtlos in den Wald geworfene Abfälle beräumt und sich dafür eingesetzt, dass verletzt aufgefundene Wildtiere in sachkundige Pflege gelangen.

Der letzte Weiher, den wir gemeinsam im Kiefernwald besuchen, liegt trübe vor uns, als wir an seinem Ufer stehen. Günter Lehmann blickt betreten: »Beim letzten Mal war das Wasser noch glasklar, wer weiß, was sie hier reingekippt haben.« Bedauernd berichtet er von der Unachtsamkeit, die ihm noch oft begegnet, gerade beim Umgang mit den kleinen Gewässern. »Was nutzt es da, wenn man die Schuldigen erwischt, die Tiere haben ja nichts mehr davon«, meint er bedrückt, und man kann spüren, wie der Verlust den alten Mann im Inneren schmerzt.

Als wir nach einer Weile über die Wirkung der Amphibienzäune an den stark befahrenen Straßen reden, hellt sich sein Gesicht wieder auf. Der Straßenverkehr stellt auch in der Lausitz eine der größten Gefahren für den Amphibienbestand dar. Werden die Wandertrassen der Tiere zu den Laichgewässern durch Straßen zerschnitten, kann ein

Bestand schon nach einigen Jahren zusammenbrechen. So enden machmal tausende Tiere unter den Autoreifen. An einem Wechsel wurden im Biosphärenreservat während einer Laichsaison bis zu 6000 Frösche, Kröten und Molche bei der Überquerung einer stark befahrenen Straße gezählt. Inzwischen wurde an dieser Stelle die Gefahr gebannt, mit Amphibienzäunen oder kleinen Tunneln kann man dem Straßentod an diesen sensiblen Pässen wirksam begegnen. »Aber noch immer viel zu wenig«, findet Günter Lehmann und blickt gedankenvoll auf das Wasser.

Im Gegensatz zum Teichfrosch haben Wechselkröten nur eine Schallblase. Sie dient als Resonanzboden für die trillernden Rufreihen. Die eher an Vogelgesang erinnernden Laute kann man aus flachen Laichtümpeln nur nachts und vorwiegend bei regnerischem Wetter hören.

Vor Verlassen des Laichgewässers im Mai häuten sich die Teichmolche – selten bekommt man allerdings die abgestreifte Haut so vollständig erhalten zu Gesicht.

Während der Balztänze im zeitigen Frühjahr präsentieren Teichmolchmännchen ihren Auserwählten den gewellten, punktierten und orange abgesetzten Kamm peitschend, winkend und fächelnd.

Teichfrösche finden in den flachen und warmen Karpfenzuchtgewässern ideale Lebensbedingungen vor und sind deshalb die häufigsten Froschlurche im Gebiet.

Signal von Toke

Die freien Flächen des ehemaligen Truppenübungsplatzes Dauban entstanden durch militärische Aktivitäten. Weil dort auch seltene Pflanzenarten wachsen, sollen sie nicht wieder von Birken und Weiden überwuchert werden.

Biologe Michael Striese ist groß gewachsen – so kann er dem Elchbullen Toke (Widerristhöhe 1,80 Meter) auf Augenhöhe, aber gesichert durch einen Zaun, gegenübertreten.

Signal von Toke

Michael Striese stellt den Eimer ab und reckt den Arm hoch in die Luft. Langsam dreht er die Antenne in Richtung des Zaunes. Ein stetes Piepsen dringt aus dem Empfänger, den er um den Hals gehängt hat. Toke meldet sich. Michael Striese nimmt den Eimer wieder auf und stapft weiter durch Riedgras und hinweg über Wassergräben. Immer wieder telemetriert er, das heißt, er ortet die Tiere, die einen Funksender um den Hals tragen und ihren Standort so dem piepsenden Empfänger an Michael Strieses Brust verraten.

Vorbei geht es an Ginsterhecken, die den Weg mit ihren dunkelgrünen nadelartigen Blättern säumen, und eine Böschung hinunter, an der kleine Birken mit ihren Blättern rascheln. Der Boden wird feucht. Fein wie Porzellan reckt die Glockenheide ihre violetten Blütentrauben empor. Moorbärlapp kriecht in großen Kolonien über den Boden, wie zarte Fichtenzweige sehen die urtümlichen Pflanzen aus. Sonnentau streckt seine rötlichen Fangarme aus. An den kleinen Tentakeln glitzern Tropfen. Honig gaukeln sie vor, doch es ist ein Sekret, das hungrige Insekten fängt. So deckt die Fleisch fressende Pflanze ihren Nährstoffbedarf auf dem armen Boden. Der Bärlapp wächst neben einer flachen, vom Wind gekräuselten Wasserfläche. Frischgrün wuchern die Torfmoose, die im Laufe von Jahrhunderten ein Moor bilden, der Wassernabel reckt keck seine kreisrunden Blätter empor. Abrupt bleibt Michael Striese schließlich stehen. »Da sind sie«, sagt er, »Toke und Runa.« Auch der Biologe ist entdeckt. Aufmerksam haben die beiden Tiere den Kopf gehoben. Toke hat den Eimer erspäht. Mit langen, raumgreifenden Schritten bricht der Elchbulle durch ein Ginstergebüsch. Im Eimer versteckt sich eine Hand voll spezieller Elchleckerli.

Die Elche leben auf einem ehemaligen Schießplatz, über den bis 1992 Panzerketten rasselten. Seit das Kriegsspiel eingestellt ist, tobt sich die Natur aus. Der rissige Betonweg am Eingang des Übungsgeländes ist schon erobert. Birken nutzen kleinste Ritzen zum Wachsen, zwischen den grauen Platten zwängt sich das Habichtskraut hervor. Rasant verändert sich alles. Fast überall sprießen Birken, Kiefern und Pappeln hervor, einzeln und in Gruppen. Sie erobern die Heide, verdrängen die seltenen Pflanzen, rauben ihnen Nahrung, Platz und Licht.

Deshalb sind die Elche hier. Sie sollen fressen, fressen, fressen und Platz frei halten für all die seltenen und an offene Standorte angepassten Pflanzen und Tiere. Einmal am Tag bekommen sie Besuch von Michael Striese. Ansonsten sind die Elche im 155 Hektar großen Gehege auf dem ehemaligen Truppenübungsplatz sich selbst überlassen. »Toke, komm her, Dicker, komm«, lockt Michael Striese. Er steht jetzt im Inneren des Gatters, aber hinter einer Holzbarriere. Auch wenn es

Um die Elche im 155 Hektar großen Gehege aufspüren zu können, muss der Elchbetreuer die mit einem Peilsender versehenen Tiere orten.

vertraut wirkt, wie der junge Biologe mit Toke spricht, ihm einen Klaps gibt, wenn der Elchbulle seinen mächtigen Schädel gegen die Holzbalken drückt, er ist vorsichtig und beobachtet die Regungen des Bullen genau. Der legt immer wieder die Ohren nach hinten. Schnell weicht Michael Striese dann zurück, redet mit sanfter, beruhigender Stimme. Der Elchbulle ist selbstbewusst geworden, er ist der Herr im Hause.

»Vorsicht, freilaufende Elche im Gehege«, warnen Schilder am Zaun. Die Warnung ist berechtigt. Wenn Toke galoppiert, ist er schnell wie ein Rennpferd, einige hundert Kilogramm Lebendmasse in voller Fahrt. Die urtümlichen Pflanzenfresser sind wehrhafte Tiere. Nicht nur die spitzen Stangen des Geweihs sehen bedrohlich aus, die langen Beine enden in mächtigen Hufen. Die großen harten Latschen braucht der Elch, wenn er in sumpfigem Gelände sicher unterwegs sein will. Sie sind aber auch seine Waffen. Elche schlagen gezielt mit ihren Hufen, einem Wolf etwa zertrümmern sie mit einem Hieb den Schädel. Und Michael Striese zeigt gesunden Respekt vor seinen Schützlingen.

Er hat noch keinen Arzt gebraucht. Das war bei den Igeln anders. Die Stacheltiere waren Diplomthema des jungen Biologen. Die ganze Schar in einem Lausitzer Dorf hatte er mit Sendern ausgestattet, die Igel so auf- und ihren nächtlichen Lebensgewohnheiten nachgespürt – Wiegen und

Als typischer Vertreter der Oberlausitzer Kiefernheiden reflektiert die Heidelerche mit ihrem melancholischen Gesang die trockenen und armen Standorte sogar akustisch.

Bild rechts:
Krystina begrüßt ihren Sohn Fritz mit leisen Rufen.

Vermessen inklusive. Dabei hatte er sich einen Stachel in die Hand gerammt und sich einen hässlichen Hautpilz zugezogen. Kleine Tiere, kleine Sorgen – von wegen. »Die Igel waren nur nicht so schnell«, lacht er.

Für den 35-Jährigen ist die Elchbetreuung ein Traumjob. Von Anfang an ist er dabei. Als junger Wissenschaftler hat er das Gelände mit untersucht – nachdem die Armee abgezogen war, aber bevor die Elche kamen. 300 Pflanzenarten wachsen hier, darunter 57 seltene und vom Aussterben bedrohte. Kraniche brüten, Sperbergrasmücke und Raubwürger, Schwarz- und Braunkehlchen leben hier. Die Himmelsziege schwebt über der Landschaft. Die seltene Bekassine trägt diesen wenig schmeichelhaften Beinamen. In der Balzzeit lassen sich die Vögel im Sturzflug vom Himmel fallen, ihre Schwanzfedern erzeugen dabei ein meckerndes Geräusch.

Nicht nur die Bekassinen fühlen sich hier wohl. Die Landschaft behagt auch den Elchen. Eine polnische Elchkuh bekam 1995 ein Kalb auf dem Gelände und blieb. Über ein Jahr lang zogen Mutter und Kind durch die Gegend. Dann verschwanden sie – mit unbekanntem Ziel. Wahrscheinlich zogen sie zurück nach Polen. In Deutschland sind wilde Elche seit langem ausgerottet. Als Großwild bevölkerte der Elch neben Wisent und Ur nach der letzten Eiszeit Mitteleuropa. In ausgedehnten Auwäldern zwischen Oder und Elbe lebte der große Hirsch noch mindestens bis ins frühe Mittelalter und wurde gejagt. Dafür sprechen die Speisereste der frühfeudalen Burg von Meißen. Die Knochen der Braten wanderten über die Burgmauer. Immerhin 6,5 Prozent davon waren Elchgebeine, ergaben Ausgrabungen. Doch dann verschwand der Elch. Der erste seit Menschengedenken tauchte 1958 im Spreewald auf und zog im Jahr darauf durch die Oberlausitz. Im Schrammsteingebiet in der Sächsischen Schweiz wurde er zuletzt gesehen. Seitdem kamen fast jährlich Elche nach Sachsen. Erst nur junge Bullen, später auch Elchkühe. Über 40 gesicherte Nachweise gibt es. Sie zogen fast alle auf uralten Pfaden durch die Oberlausitz in die Sächsische Schweiz und dann die Elbe entlang.

Runa, Krystina und Toke hat der Naturschutz-Tierpark Görlitz aus anderen Zoos und Gehegen organisiert. Die Elche fühlen sich bei Dauban zu Hause. Trockene Heiden, auf denen

Sandboden durchschimmert, wechseln sich ab mit stillen Wassergräben und glitzernden Seen, auf denen Teppiche von Seerosen treiben. Laubbäume und Wasser – diese Kombination liegt den urtümlichen Hirschen. Sie fühlen sich so wohl, dass sie nun Jahr für Jahr für Nachwuchs sorgen. Sogar Zwillinge kamen schon zur Welt. So wächst die kleine Gruppe der Elche. Mehr Arbeit heißt das für Michael Striese – er tut sie gern. Und das Gelände verkraftet den Zuwachs. Wenn sie nicht gerade Zweige und Blätter mampfen, gehen die Elche gern ins Wasser und naschen an Wasserpflanzen. Dank verschließbarer Nüstern können sie sogar unter Wasser fressen – die massigen Tiere sind gute Schwimmer und Taucher.

Mittlerweile hat Michael Striese mit einem Partner ein kleines Büro. Es hat ihn nach dem Studium in Halle zurückgezogen in die Lausitz, seine Heimat. Nicht nur mit den Elchen hat er sich Großes vorgenommen. Der zweifache Familienvater will einen alten Vierseithof retten und ihn mit seiner Frau – auch eine Biologin – herrichten. Fest verwurzelt ist Michael Striese in der Lausitz. Doch eine feste Stelle als Biologe ist kaum zu bekommen, so hat der gebürtige Görlitzer aus der Not eine Tugend und sich selbständig gemacht. Naturlehrpfade oder Biotope planen – das ist vor allem erst einmal Papierkram im Büro. So genießt er die tägliche Tour zu den Tieren und der charakteristischen Heidelandschaft. Schnell ist zu merken,

dass der freundliche Mann hier draußen zu Hause ist. Noch während er die Bekassine zeigt, hat er schon wieder unscheinbare Blüten am Boden entdeckt. Scheinbar nichts entgeht seiner Aufmerksamkeit. Er kann sich begeistern, selbst an kleinsten Lebewesen. Der groß gewachsene junge Mann ist Überzeugungstäter. Biologe als Beruf und als Berufung. Michael Striese versteht sich auch als Naturschützer. Projekte wie Straßenplanungen etwa lehnt sein kleines Büro ab. »Solche Sachen wollen wir nicht machen, und noch können wir uns das leisten.«

Auch Krystina taucht auf, interessiert sich aber nicht sonderlich für Michael Striese. Der wird dafür von Toke unablässig im Auge behalten. Der Biologe ist ein Konkurrent und der Elchbulle will imponieren. Unablässig bearbeitet er mit Geweih und Schädel die Holzbarriere. Dreimal hat er sie schon geknackt. Der hohe Zaun dahinter freilich stoppt seinen Bewegungsdrang. Auch deshalb kommt der Biologe kontrollieren, und um den Gesundheitszustand und die Allgemeinverfassung der Tiere zu prüfen. Streicheln muss nicht sein.

Doch als Schoßtiere sind die Elche ja auch nicht angestellt. Ihrer eigentlichen Aufgabe gehen sie unverdrossen nach: fressen. Zufrieden betrachtet Michael Striese die Verheerung, die vor allem Toke unter den jungen Birken angerichtet hat. Überall sind abgeknickte Stämmchen zu sehen. Selbst Bäume von fünf Metern Höhe bricht der Elchbulle um. Bis zu 40 Kilogramm Grünzeug vertilgt ein Elch täglich. Mit spitzen Lippen ergreift Toke ein ganzes Bündel Zweige und lässt sie mahlend in seinem Maul verschwinden. Runa unterdessen zupft, ungerührt von piksenden Nadeln, die Triebe junger Kiefern ab und zermalmt sie mit dumpfem Schnurpsen. Unterstützt werden sie von Schafen und Ziegen, die auf

Die Birke ist ein Charakterbaum der Oberlausitzer Heide- und Teichlandschaft. Sie wächst an trockenen Standorten ebenso wie an Teichufern, auf Inseln oder in feuchten Senken.

kleinen Weiden gehalten werden. Um an die Bodenvegetation zu kommen, müssten sich die hochbeinigen Elche hinknien. Deshalb sollen Schafe die Kräuter äsen, die Ziegen über die Strauchschicht herfallen, die Elche die Bäume kurz halten. Michael Striese hofft, dass Ziegen und Elche auch kurzen Prozess mit einem Eindringling machen. Der Amerikanische Spierstrauch macht sich breit. Aus Gärten ausgebrochen, erobert der Strauch immer größere Teile der Landschaft, begräbt die einheimischen Pflanzen förmlich unter sich. Zufüttern muss Michael Striese nicht. Die Leckerli sind nur zum Naschen. So können die Elche an den Zaun gelockt werden, etwa zur Untersuchung durch den Tierarzt.

Michael Striese hat seinen Rundgang beendet. Die Tiere sind wohlauf, der Zaun in Ordnung, das Nahrungsangebot noch gut. Toke trollt sich wieder. Mit weit ausgreifenden, federnden Schritten trabt er zurück in sein Reich und verschwindet hinter einem Kieferndickicht.

Bild links:
Die Glockenheide verträgt keinen starken Frost und ist deshalb vor allem in atlantisch geprägten Küstenbereichen Norddeutschlands zu finden. Offenbar ist das Mikroklima in einigen Bereichen des Reservates so günstig, dass diese Erikaart auch hier wachsen kann.

Der Sumpfbärlapp ist in Sachsen vom Aussterben bedroht. Er bevorzugt offene Pionierstandorte, die durch freie, sonnenbeschienene Stellen gekennzeichnet sind.

Der Naturführer

Viele der Lausitzer Moore sind heute verschwunden. Sie fielen dem Torfstich oder dem Bergbau zum Opfer. Die verbliebenen sind meist klein, beherbergen aber noch seltene Pflanzen wie Rosmarinheide oder Sonnentau.

Martin Schenk ist auch mit 81 Jahren noch regelmäßig in der Natur unterwegs.

Der Naturführer

Frühling im Biosphärenreservat. Aus dem Dorf schallt das Krähen der Hähne, ein dicker Traktor macht sich tuckernd auf dem nahen Feld zu schaffen, von den Teichen dringt der Klang tausender Frosch- und Unkenrufe wie ein entferntes Rauschen und die Wiese schmücken unzählige sattgelbe Blüten des Löwenzahns.

Eine Schulklasse wartet an einem schmalen Pfad, der in die Teiche führt, darauf, dass es endlich losgeht, denn heute ist Exkursionstag. Da kommt Martin Schenk auf seinem Moped angeknattert, den Helm über den Kopf gestülpt, der Kinnriemen flattert im Fahrtwind. Die Unruhe der Kinder weicht der Spannung und die Lehrerin zeigt Erleichterung.

Martin Schenk ist 81, Sorbe und seit über 40 Jahren im Naturschutz engagiert. Ihn kennen alle hier in der Gegend und er kennt alle. Nun als Rentner betreut er die Exkursionen, die im Biosphärenreservat in sorbischer Sprache angefragt werden. Auch heute begrüßt er die Klasse auf Sorbisch. Die Kinder drängeln und reden durcheinander, einer der Jungs ist besonders laut. Die Lehrerin meint entschuldigend, dass er eben der Rabauke der Klasse sei, aber Martin Schenk lässt sich nicht beeindrucken. Er hängt dem Jungen das schwere Fernglas um, »damit du es mir immer gleich geben kannst, wenn du etwas Interessantes entdeckst, während ich erkläre.« Stolz rötet die Wangen des Kleinen, er weicht nicht mehr von Martin Schenks Seite und ist für die nächsten zwei Stunden eifrig bei der Sache. Alle paar Meter macht der Naturführer halt, eine Blume, ein Käfer, ein Vogelgezwitscher, zu allem gibt es Wissenswertes zu erzählen. Ein »Ohrenkneifer«, der gar nichts in unseren Gehörgängen zu suchen hat, sondern sich von Milben ernährt, der Bittersüße Nachtschatten, der eine Giftpflanze und deshalb mit Vorsicht zu behandeln ist, und das »Dididi«, das gerade erschallt und zu der fröhlich gelben Goldammer gehört. Nach kurzer Zeit schon hat er die Kinder in seinen Bann gezogen.

Martin Schenk ist trotz seines Alters regelmäßig auf wissenschaftlichen Kolloquien, Naturschutzhelferlehrgängen oder eben Exkursionen anzutreffen. Pro Saison sind es etwa 30 Naturführungen, die er individuell vorbereitet und genau passend auf die Teilnehmer variiert. In letzter Zeit sind es weniger geworden, auch die Gesundheit hat ihm manchmal Grenzen gesetzt. »Aber jede Exkursion bekommt mir immer noch wie eine Kur«, beeilt er sich hinzuzufügen.

Ein paar Dörfer weiter wurde er 1924 geboren. Das kleine Fachwerkhaus, in dem Martin Schenk seit 71 Jahren lebt, trägt die Jahreszahl 1833 über der niedrigen Eingangstür. Ein paar neue Fenster hat es in den letzten Jahren bekommen, alles andere zeugt von einer vergangenen Zeit. Im kleinen Hof stehen die Kaninchenställe

Besonders Kinder sollen auf den Exkursionen für die Natur begeistert werden.

»Das könnte mein Grabstein werden. Wenn ich nur wüsste, wie ich ihn hier aus dem Wald zum Friedhof bringen kann?«, bemerkt Martin Schenk lächelnd während einer seiner botanischen Führungen.

Seggenbülten prägen die moorigen Verlandungszonen naturnaher Teiche.

Der Kleine Wasserschlauch ist eine der wenigen einheimischen Fleisch fressenden Pflanzen. Winzige Fangbläschen an seinen Blättern saugen durch einen Spezialmechanismus Kleinlebewesen in ihr Inneres.

Das Weiße Schnabelried ist in Sachsen vom Aussterben bedroht. Dem Sauergrasgewächs fehlen vielerorts die nötigen Lebensbedingungen: die nährstoffarmen und sauren Zwischenmoore.

und auch für einige Bienenvölker sorgt Martin Schenk noch. Die Naturverbundenheit verdankt er seiner Mutter. Als er ein Kind war, arbeitete sie bei einem Bauern. Da hieß es morgens mit hinaus auf die Felder und Wiesen. »Was sollte ich denn da den ganzen Tag anstellen, nu da hab ich mich eben mit den Blumen und Käfern beschäftigt«, erzählt er. Das Beobachten der Pflanzen und Tiere wurde zu einer Leidenschaft, die ihn sein Leben lang begleiten sollte. Am liebsten wäre er Gärtner geworden, aber sein Vater war anderer Meinung. »Was willst du als Gärtner, wir haben kein Land«, hatte er dazu gesagt. So hat Martin Schenk eine Maurerlehre abgeschlossen, musste dann in den Zweiten Weltkrieg ziehen. »Als ich aus dem Krieg zurück-

kam, hatten wir Land, aber ich war kein Gärtner«, bemerkt er noch immer mit Bedauern. So suchte er sich eine Arbeit als Maurer. Auf der Baustelle sprach man ihn unvermittelt an, ob er für acht Wochen in der Domowina, der Dachorganisation der Lausitzer Sorben, bei der Gründung der Ortsvereine aushelfen wolle. »Ich hab doch keine Ahnung, was ich da machen muss«, hatte er erwidert. »Du sprichst doch Sorbisch, das genügt.« Das war 1952, es sollten 37 Jahre werden, in denen er sich der Erhaltung und Pflege des Sorbischen hauptamtlich widmete.

Anfangs besaß Martin Schenk nur ein Fahrrad für die Fahrten über die Dörfer, später bekam er ein Moped SR 1 aus der ersten Serie des Suhler Simson Werkes. Es ist schon lange nicht mehr das Modell von damals, aber ein Zweirad aus Suhl fährt Martin Schenk heute noch. Ganz gleich, mit welchem Modell er unterwegs war, zu den Dienstberatungen in Bautzen kam er regelmäßig zu spät, dafür hatte er stets über neue Entdeckungen der unglaublichsten Pflanzen zu berichten, die ihm gerade in diesem Moment sein Pünktlichsein verhindert hatten.

Als Autodidakt eignete er sich alles an, was aus Büchern zu erfahren war. Später begleitete er Männer wie Max Militzer, Theodor Schütze und Gerhard Creutz auf deren wissenschaftlichen Exkursionen und lernte vieles kennen, was es in der Teichlausitz, vor allem an botanischen Besonder-

heiten, zu entdecken gab. Martin Schenk kennt alle Pflanzen, die in der Umgebung zu finden sind. Nicht selten war er es, der den staunenden Wissenschaftlern bisher unentdeckte Pflanzenvorkommen zeigte. Auch die entlegensten Winkel hat er erforscht. Die kleinen Moore hat er durchstreift, bevor der Bergbau vielen von ihnen das Wasser ausgesogen hat. Den Seerosensumpf etwa, als die seltene Wasserpflanze noch darin leben konnte, die dem heute trockenen Gewässer seinen Namen gab. Diese empfindlichen Lebenswelten haben es ihm besonders angetan. Da wo Nährstoffe so knapp sind, dass sich andere Pflanzen nicht ansiedeln können, jedoch genügend Wasser vorhanden ist, bilden sich die Rasen der Torfmoose. Die unscheinbaren Pflänzchen wachsen in dieser Umgebung sehr langsam und bilden allmählich aus ihren abgestorbenen Teilen den Torf, der in Jahrtausenden bis zu mehrere Meter mächtig werden kann. Nur an der Oberfläche wachsen die Moore, hier siedeln sich dann auch andere, diesen kargen Verhältnissen angepasste Arten an. Moosbeere, Moorbärlapp, Glockenheide und der Sonnentau sind einige davon. Martin Schenk weiß aber nicht nur um die Schönheit dieser Pflanzen.

In den sechziger Jahren begann er schließlich selbst Exkursionen für Naturliebhaber zu leiten. Sogar Studenten der damaligen Guttauer Feldstation hat er geführt, wie er heute noch mit leisem Stolz anmerkt. Mit unzähligen Gruppen ist er seitdem auf vielen Routen durch die Lausitzer Landschaft unterwegs gewesen. Am liebsten aber führt ihn sein Weg an die Ziegenwiese. So heißt eine kleine, verschwiegene Waldwiese, die von Unkundigen kaum zu finden ist. Martin Schenk hat dieses Kleinod vor vielen Jahren als Standort gleich vier heimischer Orchideenarten entdeckt. »Damals habe ich ganze drei Exemplare vom Gefleckten Knabenkraut gefunden, heute blühen auf dieser

Im Gegenlicht erstrahlen die klebrigen Tropfen des Rundblättrigen Sonnentaus. Sie fangen kleine Insekten, die von der Pflanze verdaut werden und so dem Ausgleich des Nährstoffmangels am moorigen Standort dienen.

Die riesigen Augen der Binsenjungfer halten hinter einem Grashalm nach Beute Ausschau, welche die Libelle dann im Flug erhascht.

Eine Sumpfschrecke klettert über fruchtende Moosbeeren.

Wiese, dank der Pflege, tausende davon«, sagt er voller Begeisterung.

Ihn zu begleiten ist ein Erlebnis besonderer Art. Er weiß über die Natur und gleichermaßen über die Menschen zu berichten, die von ihr leben. Ganz nebenbei, wenn er zum Beispiel den Unterschied zwischen den verschiedenen Arten des Sonnentaus erläutert, erfährt man auch, warum es hier in der Gegend einen Zigeunerweg gibt oder wie es der durchtriebene Bürgermeister von Halbendorf damals angestellt hatte, dass die Bauern ihren Wald verkauften, in dem dann der Truppenübungsplatz entstand.

Martin Schenk ist auch einer der wenigen, der die sorbischen Namen der selteneren Tier- und Pflanzenarten noch kennt und dieses Wissen bei seinen Exkursionen weitergibt.

Nachwuchs ist rar, meint der Naturführer bedauernd. Die jungen Leute ziehen aus ihrer Heimat fort, um Arbeit oder eine Ausbildung zu finden, und nehmen ihre Sprache mit, die sie in der Ferne kaum gebrauchen. Auf diese Weise wird in den Lausitzer Dörfern immer weniger sorbisch gesprochen. Das macht den alten Mann besorgt. Die Liebe zu seiner Sprache ist neben seiner Naturverbundenheit das Elixier, das ihn noch immer aktiv sein lässt.

Die Frühlingsexkursion durch die Guttauer Teiche neigt sich ihrem Ende. Martin Schenk findet ein paar anerkennende Worte für die Klasse, die sich sogar an einem Hornissennest vorübergewagt hat. Es gibt Applaus für ihn von vielen Kinderhänden, glückliches Lächeln auf den Gesichtern, den vielen jungen und dem alten.

Das Breitblättrige Knabenkraut wächst auf extensiv bewirtschafteten Nasswiesen. Weil entsprechende Mahd- und Beweidungsformen heute kaum noch angewendet werden, ist diese Orchidee stark gefährdet.

Die Eichen von Dauban

Typisch für viele Kiefernwälder in der Heide- und Teichlandschaft ist ein ausgeprägter Adlerfarnunterwuchs.

Försterin Gunda Hanke liegen die naturnahen Wälder in ihrem Daubaner Revier besonders am Herzen.

Die Eichen von Dauban

Es ist ein nasskalter Dezembertag. Der kleine Ort Dauban liegt verschlafen am Rande eines großen Waldgebietes. Der Nieselregen hat die Menschen von den Straßen vertrieben, kaum jemand ist unterwegs. Das Laub der Birken und Eichen hat der Herbststurm längst hinweggefegt, nur die letzten hellbraunen Blätter der jungen Buchen verleihen dem Tag etwas Farbe. Aus dem Wald am Rand des Dorfes dringt das Jaulen einer Motorsäge. Eine junge Frau in grüner Kleidung bewegt sich konzentriert zwischen alten Kiefern. Sie lässt den Blick durch die Baumkronen gleiten und prüft jeden Stamm. Manche der mächtigen Bäume, die über den jungen Buchen aufragen, markiert sie mit einem schmalen grünen Farbring. Gunda Hanke ist Försterin im Daubaner Wald, der zu einem ehemaligen Truppenübungsplatz gehört. Seit gut zehn Jahren leitet sie das Revier. An diesem Tag bestimmt sie über das Leben oder das baldige Ende jedes einzelnen Baumes. Die Kiefern sind jetzt 140 Jahre, sagt sie. Die meisten davon sind schon vom Alter gezeichnet und sehen struppig aus mit ihren lichten Kronen. »Es ist Zeit, dass die jungen Buchen mehr Licht bekommen, die sind ziemlich zurückgeblieben«, erläutert Gunda Hanke ihr Tun. Nur einige der alten Kiefern, die vitalsten von ihnen, dürfen stehen bleiben. Während sie erklärt, kneift sie die Augen zusammen und mustert einen stark gekrümmten Stamm. »Lassen wir ihn den Spechten«, meint sie schließlich und versieht auch ihn mit einem grünen Ring.

Gunda Hanke ist Försterin mit ganzer Seele, so sagt sie selbst von sich. Sie hat ihren Beruf von Grund auf gelernt. Nach der Schule entschied sie sich für eine Lehre als Forstfacharbeiterin im Erzgebirge. Keine leichte Arbeit für eine Frau. Sie lernte mit Axt und Sichel umzugehen, wie man Bäume pflanzt, die jungen Bestände pflegt. Und sie hat sich in einer Welt zurechtgefunden, die lange Zeit nur Männern vorbehalten war und in der zuweilen ein rauer Ton herrscht. Ihr Traum war es damals schon, Försterin zu werden, kein einfacher Weg in einer Zeit, in der zwischen Ostsee und Erzgebirge Gesinnung mehr galt als echte Begeisterung und Liebe zu seinem Beruf. Im thüringischen Schwarzburg bekam sie keinen Studienplatz, so blieb für sie nur eine Ausbildung an der Forstfachschule in Ballenstedt im Harz. Hier allerdings bildete man die Innendienstförster aus. So kam es, dass Gunda Hanke viel mehr über Forstökonomie und Betriebswirtschaft zu hören bekam als über die Dinge, die sie weit mehr interessiert hätten: Wie man dem Wald helfen kann, damit in ihm die Kräfte der Natur so gut wie möglich nutzbar werden.

»Dubo« ist der sorbische Name von Dauban und heißt Eiche. Wenn man sich rund um den Ort umsieht, findet man noch einige ehrwürdige Exemplare dieser Baumart, wie die Ferdinands-

Schwarzspechte lieben alte Bäume. Unter der weggemeißelten Borke holen sie mit ihrer Harpunenzunge dicke Insektenlarven hervor.

Das Abschreiten und Messen der Kiefernernte geht Gunda Hanke schnell von der Hand. Zum Vermessen des Holzes im Bestand verwendet sie manchmal sogar noch den traditionellen Bitterlich-Stab.

Dicht an dicht stehen die Bäume in den Kiefernforsten. Diese »Holzacker« sollen im Daubaner Revier nach und nach wieder in Mischwälder umgewandelt werden.

Regelmäßig durchstreift der Wolf inzwischen auch die Wälder im Norden des Biosphärenreservates. Anfang der neunziger Jahre kehrte er in die Lausitz zurück. Inzwischen leben zwei Rudel in den benachbarten Heidegebieten.

eiche, die schon mindestens 300 Jahre hier am Waldrand steht. Ihre mächtigen Äste, die inzwischen kahl geworden sind, ragen noch immer Achtung gebietend in den Himmel. Bevor die Köhlereien, die die Holzkohle für die Eisenhämmer in der Gegend herstellten, die Wälder rodeten, war die Eiche die häufigste Baumart. Später forstete man die öden Flächen hauptsächlich mit Kiefernkulturen wieder auf. Als Baumaterial und Brennholz waren die Wälder die wichtigste Rohstoffquelle der Gegend. Selbst die herabfallenden Nadeln der Kiefern kratzten die Bauern von den kargen Böden, um sie als Einstreu für das Vieh zu nutzen. Nur dort, wo die Böden für die Waldwirtschaft zu nass waren, blieben kleine Moore und Sumpfstellen mit einer ganz eigenen Tier- und Pflanzenwelt erhalten. Und an den Ufern der Heideteiche waren Röhrichte und Wasserpflanzen ungestört. 1960 wurde der Daubaner Wald zum militärischen Übungsplatz erklärt. Viele Waldflächen wurden gerodet und mussten den Schießplätzen weichen, ein Netz von Panzertrassen entstand, auf denen die Kettenfahrzeuge tagtäglich den feinen Sand umpflügten. Das Donnern der Geschütze und das Motorengedröhn erfüllten die Gegend bis in die Dörfer. An den Randbereichen der Schießplätze, die als Sicherheitszonen dienten, entwickelten sich jedoch zwischen den Teichen und in den Mooren Waldstücke mit großer Vielfalt. Kraniche und Seeadler fanden geeignete Plätze für ihre Bruten. In den Panzertrassen gab es reichhaltig Insektennahrung für die Nachtschwalben und den Wiedehopf. Schwarzspechte hämmerten ihre Bruthöhlen in alte Kiefern und schufen auf diese Weise auch geeignete Unterkünfte für Fledermäuse und Sperlingskäuze, die kleinsten Vertreter der heimischen Eulenarten. An einem solchen verschwiegenen Platz im Naturschutzgebiet stehen Gunda Hankes Lieblingseichen, vitale Riesen, die sich mit ihren weit ausladenden Kronen Raum geschaffen haben und die Wipfel der Kiefern überragen. Nicht weit davon der hohle Stamm einer alten Buche, einige große Äste konnte der gebrechliche Baum schon nicht mehr tragen, sie liegen geborsten am Boden. Die Buche kann jedoch noch viele Jahre leben und in ihrem Inneren eine Fülle anderer Lebewesen beherbergen. »Ein paar solcher Bäume sollten doch in jedem Wirtschaftswald stehen dürfen«, meint Gunda Hanke und streicht nachdenklich über die rissige Borke.

Die Prüfung im Fach »wissenschaftlicher Kommunismus« hatte Gunda Hanke in Ballenstedt verweigert und stattdessen einen Vortrag über die Gründung der Grünen Partei in Ostdeutschland gehalten. Und bestanden.

Mit dem Ballenstedter Ingenieurabschluss in der Tasche machte sie erste Erfahrungen in ihrem Beruf. Als sich ihr jedoch 1992 noch einmal die Möglichkeit bot, zu studieren und sich mit all den Dingen zu befassen, die in ihrer Ballenstedter Ausbildung viel zu kurz gekommen waren, überlegte sie nicht lange. Sie ging von Sachsen nach Baden-Württemberg, nach Rottenburg am Neckar. Eines aber stand von Anfang an fest, sie würde wieder zurück nach Sachsen kommen. Dass es sie in die Lausitz verschlagen würde, ahnte Gunda Hanke jedoch nicht, »bis heute hab ich noch keinen Tag bereut«, sagt sie von sich. Der Truppenübungsplatz war indessen aufgelöst worden, 1992 verließen wie zuvor schon die Panzer der NVA nun auch die letzten Bundeswehrtruppen den Daubaner Wald. Es trat Stille ein zwischen den Kiefern, auf den ehemaligen Schießplätzen wuchs die Heide. Erste Birken siedelten sich auf den Panzertrassen an, um die ehemaligen Soldatenbaracken waren nur noch die Grillen zu hören.

Auf einem aktiven Schießplatz hätte Gunda Hanke nicht arbeiten mögen. In Dauban aber ist das etwas anderes, hier kann man einen Förstertraum erfüllen und auf über 3000 Hektar eine natürliche Waldentwicklung unterstützen.

Wälder sind nicht nur »Holzacker«, die von der Anzahl der Bäume bestimmt werden, sie sind auch Lebensräume der meisten heimischen Tiere und Pflanzen, sie sind für den Kreislauf des Wassers und gesunde Luft erforderlich und, was allzu oft vergessen wird, sie tun uns mit ihrer Ruhe und ihrer Schönheit gut.

Heidelbeeren bevorzugen alte Kiefernwälder. An feuchten Standorten können sie gut einen halben Meter hoch werden. Im Gewirr der dünnen Zweige hat man selten einen Blick für die Eleganz der Einzelfrüchte.

Unterschiedliche Böden sind jeweils für bestimmte Baumarten geeignet. Ob der Boden trocken oder feucht, sandig oder schwer ist, entscheidet darüber, ob ein lichter Eichenwald, ein nasser Erlenbruch oder ein Buchenbestand am besten auf ihm wachsen wird. In jedem Waldtyp fühlen sich andere Tierarten wohl, so benötigt beispielsweise der Hirschkäfer uralte Eichen, das Wintergoldhähnchen baut seine Nester nur in Kiefern- oder Fichtenwäldern. All das hat ein Förster zu bedenken, wenn er seine Arbeiten plant. Meist muss er sich dabei jedoch mit der Hoffnung begnügen, dass sein Nachfolger das Werk fortsetzt, denn ein Menschenalter ist für das Wachstum eines Waldes eine im Vergleich kurze Zeit. Auf diese Weise denken Förster stets auch für unsere Kinder und Enkel in die Zukunft. Gunda Hanke gerät in Begeisterung, wenn sie von ihrem Wald erzählt und von ihren Waldarbeitern, die erstaunt waren, als die junge Frau, die aus dem »Westen« kam, sächsisch redete und mit der sie dann besser zurecht kamen als erwartet.

Sie malt eine Zukunftsvision für ihr Daubaner Revier: Die Kiefernforsten allmählich in Mischwald umzuwandeln. Es ist, als sähe sie schon den bunten Blätterreigen des Herbstes vor sich. Dabei kann man die naturgemäße Baumartenzusammensetzung des Waldes weitgehend auch mit natürlichen Mitteln erreichen, wenn man dem Wald die erforderliche Zeit gibt und die Rehe und Hirsche

In einigen besonders geschützten Bereichen des Reservates wächst naturnaher Wald mit vitalen Altholzbeständen. Dort gibt es urige Eichen, bizarre Erlen, bemoostes Totholz und einen artenreichen Unterwuchs.

kurz hält, damit die jungen Bäumchen nicht verbissen werden. Da, wo es doch notwendig wird zu regulieren, kann man die Bestände auflichten und Laubbäume unterpflanzen. »Hier haben wir eine Eichenringpflanzung angelegt«, erläutert Gunda Hanke ein Beispiel. »Dabei pflanzt man die Bäume kreisförmig, so dass die inneren Pflanzen durch einen äußeren Ring von Bäumen zusätzlichen Schutz bekommen.« Die Methode spart Pflanzgut und erhöht die Vielfalt der Strukturen im Wald. Einige Schwanzmeisen finden das offensichtlich auch und turnen zutraulich in den Zweigen.

Auf einer Freifläche steht ein frisch gepflanztes Bäumchen hinter einem Wildzaun. Gunda Hanke erklärt lachend den ungewöhnlichen

Harz hängt tropfenförmig an einer vor vielen Jahren angeritzten Kiefer.

Anblick: »Meine Kollegen haben auch alle gefragt, was das soll! Das ist ein Apfelbaum, eine sehr alte Sorte, der soll riesengroß werden und im Herbst seine Äpfel für die Tiere abwerfen!« Unerschöpflich ist ihr Vorrat an Ideen, viele Pläne möchte sie hier in ihrem Wald noch verwirklichen, jedoch eine Veränderung der Forstverwaltung steht bevor. »Ich weiß ja nicht, ob ich bleiben kann«, sagt die sonst so entschlossene Frau zaghaft.

Indessen bleibt für diese Gedanken nicht viel Zeit, zurück in der Försterei kommen die Zwillinge Helene und Johanna angetobt und fordern lautstark und fröhlich einen Spaziergang ein. Wohin es gehen wird? Natürlich in den Wald!

In ursprünglichen Waldbereichen und auf den Teichdämmen wachsen mächtige Stieleichen. Im Morgengrauen erscheinen sie wie Riesen, in deren Obhut sich die Rehe sicher fühlen.

Der Buchweizen-Bauer

Kornblumen und andere Ackerwildkräuter können im Gerstenfeld gedeihen, wenn auf die Anwendung von Herbiziden verzichtet wird.

Nur selten sind bei Hans Bormann die von harter Arbeit geprägten Hände untätig verschränkt.

Der Buchweizen-Bauer

Anka, die Schäferhündin, bellt wie wild in ihrem Zwinger. Die Katze nimmt keine Notiz. Nur kurz hebt die Schwarz-Weiße den Kopf, um nach der Quelle des Lärms zu schauen. Dann schleckt sie unterm Torbogen hockend weiter ihr Schälchen Milch. Mit schwerem Schritt geht Bauer Bormann zur Pforte hinten am Dreiseithof in Tauer. Ein Streifen Dahlien blüht neben dem Feld in Gelb, Rot, Orange. Gleich daneben liegt die Wiese und hinter dem Wassergraben, dem Weigersdorfer Fließ, steht der Wald. Sie ist überschaubar, die Wirtschaft von Hans-Joachim Bormann. 18 Hektar, neun davon gepachtet. Feld, Wald und Wiese. Eine Scheune mit gut eingerichteter Werkstatt. Drum herum steht die Landtechnik. Der alte Russe, der rostrote Belorus-Traktor, neben dem Fortschritt-Mähdrescher. Der Ladewagen und der Heuwender. Der Hof hat ihn und seine Familie ernährt in den letzten Jahren. »An die 90 Bullen hab ich gezogen in der Zeit«, sagt Hans Bormann. Er ist stolz auf seine Bullen. »Solche Rouladen hatten wir letztens«, sagt er und zeigt mit den Händen die Größe von Klodeckeln. Und fein sei das Fleisch, kurzfaserig, gut durchblutet. »Das ist was ganz anderes, als was Sie im Laden kriegen«, schwärmt er und das wissen auch seine Stammkunden, die das Fleisch kaufen. Und die Beinscheiben und die Ochsenschwanzsuppe – »sechs Schwänze würden die Leute kaufen, aber der hat nun mal bloß einen«, lacht Hans Bormann.

Drei Bullen stehen noch immer im Stall des Bauern. Verdrehen die Augen, schnauben ins Heu, stampfen mit den Klauen. »Hoh«, ruft er die mächtigen Tiere zur Ordnung. Auch mit seinen 72 Jahren besorgt er seinen Hof. So hat er es gelernt, von Kindesbeinen an und ein Leben lang gehalten.

Auf dem großelterlichen Hof in Schlesien aufgewachsen, musste Hans Bormann wie viele andere die Heimat verlassen. Als Lehrling kam er auf der Wirtschaft unter, die er heute sein Eigen nennt. Zur Gutsverwaltung Zimpel gehörte die alte Hofstelle, gut 200 Jahre mag das her sein. Viele kleine Wirtschaften gab es in der Gegend, »erst zum Oberland nauf, da waren die größer.« Hans-Joachim Bormann heiratete, vier Kinder zog er mit seiner Frau groß, neun Enkel hat er heute. Es war ein hartes Brot damals auf dem Hof. Hans Bormann fing 1953 in der Maschinen-Traktoren-Station an, der sozialistische Frühling wehte über das Land. Die Neubauern, gerade erst zu Land gekommen, trieben ihr Vieh in Gemeinschaftsställe und mussten ihr Land zusammenlegen. Aus Bauer Bormann wurde ein Traktorist und Landmaschinenschlosser. Mit 57 Jahren entließ ihn die Landwirtschaftliche Produktionsgenossenschaft, da war der sozialistische Herbst endgültig zu Ende gegangen, und Hans-Joachim Bormann war wieder ein selbständiger Bauer. Aber Hans Bormann endete nicht wie viele andere seiner Generation in Arbeitslosigkeit und Vorruhestand. Er hatte es

Stolz ist der Bauer auf seinen Mähdrescher-Veteran, auch wenn die häufig notwendigen Reparaturen immer wieder Improvisationstalent verlangen.

gelernt. Er war harte Arbeit gewohnt. Er hatte einen Hof. »Da machste eben daheeme weiter«, sagte er sich. Und so hielt er es all die Jahre. Nun legt er die Wirtschaft langsam in jüngere Hände.

Hans Bormann steht vor seinem Buchweizenfeld. Reißt einen Stängel ab und zerreibt ihn zwischen den Fingern. Noch steht die Frucht auf langem rötlichen Stängel, obwohl sich der Herbst schon neigt. Die Eichelhäher fliegen wie im Linienverkehr zwischen Wald und den großen Eichen vor Bauer Bormanns Gehöft hin und her. Sie holen sich die fetten Eicheln und schleppen sie über seinen Buchweizen hinüber, um sie als Vorrat im Wald zu vergraben. Auch der Bauer denkt an die Zukunft. Den Buchweizen, der sogar die Quecke unterdrückt, den wird er als Gründüngung unterpflügen. Der Boden gibt nicht viel her, der braucht Unterstützung. Kein fetter Lehm, kein krümeliger Löß. Sand gibt es hier und noch einmal Sand. Hans Bormann zuckt die Achseln. »Ja«, sagt er, »das ist so. Rechts Sand, links Sand und in der Mitte, in der Delle, da ist es etwas besser. Oder andersherum. So ist das hier in unserer Gegend.« Er kennt jeden Quadratmeter auf seinem Feld. Er weiß, was der Boden braucht. Er weiß, was er anbauen kann. Der Buchweizen, der gehört hierher. In die armen Böden, in die Heiden. Heidekorn sagen sie auch zu dem Knöterichgewächs, dessen dreikantige Früchte an Bucheckern erinnern, daher der Name. Als die Kartoffel nur ein exotisches Nachtschat-

»Der Rittersporn blüht blau im Korn«, sagt ein altes Kindergedicht. Für die Felder von Bauer Bormann trifft das noch zu, im Unterschied zu denen der meisten deutschen Landwirte, auf welchen nur noch gereinigtes Saatgut verwendet wird.

tengewächs war, noch nicht allzu lange herübergekommen aus der neuen Welt, da ernährte der anspruchslose Buchweizen hier die Bauern. Brot liefert er nicht, da fehlt das Gluten. Aber Grütze. Geschält wird der Buchweizen und etwas geschrotet, erzählt der Bauer. Und daraus wird Grütze, für die Grützwurst. Hausgemacht natürlich. Hans Bormann schnalzt mit der Zunge. »Die ist beliebt gewesen in der Niederlausitz, bis Calau runter«, schwärmt er. Er baut den Buchweizen noch immer an, als einer von wenigen. So wie er nicht verlernt hat, was er sich beim Großvater und später in der Lehre angeeignet hat. »Ein Landwirt darf den natürlichen Kreislauf nicht unterbrechen. Dann wächst irgendwann auf dem Acker nichts mehr.«

Der Buchweizen wurde früher auf den kargen Böden der Lausitz häufig angebaut. Als Grütze und als Zusatz zur Leberwurst fand er bei den Heidebauern Verwendung.

Hans Bormann hat noch nie gespritzt, sagt er, und gedüngt wird nicht mit Chemie, sondern mit Mist. Kornblume und Klatschmohn wachsen noch an seinen Feldrainen, Blau und Rot und Goldgelb dazu die Ähren. Und auch die Kornrade wächst bei ihm. Das Nelkengewächs ist rar geworden. »Die gibt's kaum mehr auf dieser Welt«, sagt Hans Bormann zu dem vom Aussterben bedrohten Ackerwildkraut, das einst gefürchtet war wegen seiner giftigen Samen. Er aber freut sich an der Vielfalt. Am Einjährigen Knäuel und dem Silberfingerkraut, am Acker-Filzkraut und am Grannen-Ruchgras. »Nee, das ist nicht Unkraut«, sagt der alte Bauer, »Das gehört doch dazu. Wenn so ein Feld mit Blumen ist, das ist doch was anderes, als wenn das so nackig ist.« Als Reichtum empfindet Hans-Joachim Bormann, was andere nur als Unkraut sehen. Doch da ist er bei weitem nicht der Einzige: Der Bauer ist selten allein, wenn er auf dem Acker und auf den Wiesen zu tun hat. Hasen mögen die kleinteilige Landschaft. Rothirsche und Damwild statten ihm Besuche ab. Das Reh setzt das Kitz hinter seine Scheune. Die Kraniche balzen am nahen Tauernwiesenteich und der Seeadler weitet seinen Segelflug über Hans Bormanns Land aus. Wenn der Bauer Heu macht, stolzieren die Störche in der Furche mit scharfem Auge und spitzem Schnabel. Wenn er erntet, kreisen Bussard und Weihe über dem Acker und den schutzlosen Mäusen. Und im Winter landen die Wildgänse auf

seinen Feldern und schauen nach übrig gebliebenen Ähren. Einmal, erzählt er lachend, da ist so eine Wildgans im Flug glatt gegen seine Eiche geprallt und abgestürzt. Und er dachte, nun bekommt er den Dank für das Futter auf den Feldern. Aber das Tier war schon tot, als er hinkam, nichts mehr zum Schlachten, da war es aus mit dem schönen Braten.

Doch viel zu lachen hat Hans Bormann mit seiner Wirtschaft nicht mehr. Die Landwirtschaft, so klagt er, macht nicht mehr viel Spaß. Es ist nicht das Alter, was ihm zusetzt. Es sind die Bürokraten. »Die bestimmen heute, das ist schon verrückt«, schüttelt er den Kopf. »Wir mussten den Stickstoffgehalt ausrechnen, für jedes Kilo Fleisch.« Hans Bormann schüttelt sich. »Wer fragt denn nach Stickstoff?«, meint er bass erstaunt, um triumphierend selbst die Antwort zu geben: »Die Bürokraten.« Manchmal, sagt er, möchte man aus der Haut fahren. Liebe und Lust an der Landwirtschaft ersticken die unter einem Papierberg, ein Elend sei das. Und ärgert sich noch mehr als über das Missgeschick, das ihm letztens passiert ist. Ein Teil des Korns ist durcheinander geraten in der Scheune, mit dem er im Frühjahr wieder seine Felder bestellen will. Ein ordentlicher Bauer aber hat sauberes Saatgut, Weizen auf dem einen Ackerstreifen, Roggen auf dem anderen, Hafer auf dem dritten. Kein Durcheinander. Doch dieses Missgeschick lässt sich wieder in Ordnung bringen, im Gegensatz zur ganzen Bürokratie, die immer mehr ausufert. Wenn man die nur so entwirren könnte wie letztlich sein Saatgut. Ein paar Handvoll Körner liegen jetzt immer drinnen in der flachen Porzellanschale auf dem Tisch im Wohnzimmer. Hellere, dunklere, größere, kleinere Körner – bunt durcheinander. Und während am Abend Gottschalks »Wetten, dass ...?« im Fernsehen durch die Wohnstube flimmert, lesen Hans-Joachim Bormann und seine Frau akribisch mit geschickten Händen Korn für Korn aus. Bis die Augen müde werden. Das dauert nicht so lange. Am nächsten Morgen wartet schon zeitig wieder das Vieh auf den Bauern.

Noch vor siebzig Jahren als Unkraut häufig, ist die Kornrade heute in Deutschland vom Aussterben bedroht.

Ein junger Fuchs streift durch die an Kleinsäugern reichen Feldfluren.

Andernorts hat man Feldgrillen wieder ansiedeln müssen, weil sie ausgestorben waren. Auf den trockenen Feldern und Wiesen des Biosphärenreservates locken noch tausende Grillenmännchen mit dem typischen Flügelgesang Partnerinnen zu ihren Erdhöhlen.

Dorngrasmücken lieben bunte Feldraine mit vielen Insekten und ausreichend Singwarten.

Die lauten Räder vom Erlengrund

Scheinbar mitleidig schaut der Weißstorch auf den Wetterhahn. Er kann im Gegensatz zu dem Blechvogel in die benachbarten Teiche fliegen und sich an Frosch und Ringelnatter sättigen.

Edith Böhm betreibt mit großem Optimismus und Erfolg ihre Pension »Im Erlengrund«.

Die lauten Räder vom Erlengrund

Glas hat der Tischler vorgeschlagen. Vielleicht mit einem Metallstreifen drin? Das ist modern. Viele Kunden mögen das so. Edith Böhm nicht. Sie streicht verstohlen über die Haustür, die wieder vier Kassetten aus Holz zieren, abgerundet in den Ecken. So wie die Haustür früher aussah, hängt sie nun wieder in den Angeln. Ohne Schnickschnack, wie Edith Böhm, die Chefin auf dem Ferienhof Erlengrund, die modischen Ambitionen des Tischlers abtut. Chefin freilich will Edith Böhm nicht genannt werden. Schließlich hilft die ganze Familie. Und doch ruht letztlich vieles auf ihren Schultern. Die Tür jedenfalls passt zu dem alten Bauernhaus. Man mag sich gar keine andere vorstellen. Die Ziegel der Wände daneben sind unverputzt, mehr braun als rot, darüber das neu gedeckte Dach, Biberschwänze in Kronendeckung, so wie das üblich war in der Lausitz, aber immer mehr verschwand unter Frankfurter Pfannen. Das Haus ist nicht groß, die Fenster sind klein, die Decken niedrig. Die Bauern hier sind nicht reich geworden bei diesen Sandböden. Der Hof, er duckt sich eher in die Landschaft, als dass er sich stolz und Reichtum kündend hoch erhebt – und passt vielleicht gerade deshalb so harmonisch in die Landschaft. Die Wiese dominiert, der nahe Kiefernwald, nicht das Gehöft. Das schmiegt sich hinein.

Der Walnussbaum draußen an der Westseite hat die Blätter fallen lassen. Die Sonne strahlt mild und spätherbstlich und Edith Böhm setzt sich unter den Nussbaum. Ein Holztisch und eine feste Bank stehen vor dem Ferienhaus. Das Dorf liegt in einiger Entfernung. Still ist es – nur die Hühnerschar gackert einmal laut auf. »Hier hört man ein Fahrrad rosten«, sagt die Ferienhofwirtin und lacht. Sie lacht gern. Eine freundliche Frau. Und obwohl der Wind ein wenig frisch geht, in ihrer Nähe strahlt Wärme.

Ihre Feriengäste, nicht selten aus der Stadt, genießen die Ruhe. Die Ohren müssen sich erst an Stille gewöhnen. Sie kann auch wehtun. Die Stille auf Edith Böhms Ferienhof aber ist eine freundliche, eine heitere, eine gelassene. Es ist eine Stille, die die Zeit verlangsamt und einen tief Atem holen lässt, als würde man Ketten um die Brust sprengen.

Als sie die Balken innen freigelegt haben, kam eine Jahreszahl zum Vorschein. 1858 stand da in schöner Schrift. Die Zimmerleute damals haben sich gern so verewigt. Die Schrift ist geblieben, die alten Balken auch. Holz dominiert im Haus, hell und freundlich, nicht dunkel und erdrückend. So wird das kleine Haus licht. Sie haben die alten Möbel vom Dachboden aufgearbeitet, die Kommode, den Küchenschrank, die Truhe. Einfache Möbel sind das, kein aufwendiges Zierrat dran. Bauernmöbel, grundehrlich und schlicht. So wie die Menschen, die sie benutzt haben.

Edith Böhm ist auf diesem Hof aufgewachsen. Sie ist in die Stadt gegangen, Krankenschwester

In den Heidedörfern wachsen auf Sandtrockenrasen mitunter flächendeckend Grasnelken. Andernorts ist dieses Bleiwurzgewächs kaum noch zu finden.

Schwarzerlen benötigen wasserreiche Standorte. Im Erlengrund von Tauer finden sie zum Beispiel am Weigersdorfer Fließ gute Lebensbedingungen.

hat sie gelernt, ein paar Jahre war sie weg, aber es war keine Flucht. Im Gegenteil. Das Land hat ihr gefehlt, vor allem der Wald. Die Wiesen, auf denen im März die Kraniche tanzen. Wenn das erste frische Grün zwischen dem vergilbten Braungelb des Vorjahres schimmert, landen die großen Vögel nicht weit vom Haus. In schnellem Flug sind sie zurückgekommen aus den Weiten der Estremadura, den Korkeichenwäldern Spaniens. Auch sie zieht es immer zurück in ihre Brutgebiete in der Lausitz. Mit hellen Fanfarenstößen trompeten die Kraniche, wenn sie ankommen und die Märzsonne die ersten wärmenden Strahlen auf die Erde schickt. Dieses Erwachen, diesen Neubeginn – den spürt man hier draußen mit jeder Faser. Der Beton, der Asphalt, der Lärm, die Hektik der Stadt – Edith Böhm möchte die Erfahrung darum nicht missen, aber sie ist ohne Bedauern zurückgegangen auf den Hof der Eltern. Mehr noch. Es hat sie zurückgezogen. Und nicht nur das. Sie hat dem alten Hof einen neuen Sinn gegeben, ihn gemeinsam mit der ganzen Familie gerettet vor Verfall und Nutzlosigkeit. Unter Denkmalschutz steht das Haus jetzt, wo es schöner ist als je. Drinnen hängen auch Urkunden. Preise für vorbildliches ländliches Bauen. Eine schöne Anerkennung, gewiss, aber die eigene Freude darüber, das alte Gehöft so schön zu sehen, überwiegt solche Äußerlichkeiten. Dennoch, fast ein wenig entschuldigend zeigt sie die einfachen Baumwollteppiche, aber Kunststoff wollte sie nicht haben. Als würde Kunststoff nicht auch fehl am Platz sein in diesem warmen Haus, in dem Bilder hängen von Martin Syckor, einem Maler aus der Gegend. Sie zeigen kein Alpenpanorama und keine Meeresweite. Die Heide in der Lausitz bietet genug Motive für grandiose Landschaftsmalerei. Und alte Fotos hat Edith Böhm aufgehängt, kleine Schwarz-Weiß-fotografien. Eine Frau lachend mit einem Rechen über der Schulter auf einer Wiese. Ein schlanker Mann auf einer vorsintflutlichen Erntemaschine, von einem Pferd gezogen. Es sind ihre Tante und ihr Vater. Und keine Bilder würden besser in dieses Ferienhaus passen, das nicht steril daherkommt wie manch anderes Domizil.

Der Hof hat die Zeiten besser überdauert als der Erlengrund, der ihm den Namen gegeben hat. Der tief liegenden Wiese gegenüber wurde

Vielfältig ist die traditionelle Architektur in den Dörfern des Reservates. Im Nordosten findet man noch Schrotholzhäuser, im Südwesten Fachwerkbauten wie diese alte Mühle.

zu Leibe gerückt mit Melioration, mit Flächenzusammenlegungen. Geblieben ist der »Pusch«, wie Edith Böhm sagt. Das Gehölz, sumpfig, bewachsen mit Schilfgras, mit knorrigen Birken und dunklen schlanken Erlen. Als Kinder haben sie sich nicht hineingetraut. Auch wenn die Wiese mit den blühenden Sumpfdotterblumen freundlich aussah: der »Pusch« hatte doch immer etwas Geheimnisvolles, Finsteres in ihren Kindertagen, erzählt Edith Böhm. Sie sind lieber zu der lichtdurchfluteten Gruppe alter Eichen gelaufen, drüben auf der Wiese. Fliegenpilze wuchsen da. Bis sie die Eichen gesprengt haben, um Platz zu schaffen für modernes Ackergerät, für große Traktoren und breite Mähdrescher. Die Wiese wurde umgepflügt, ein Feld hat nur noch die Erinnerung übrig gelassen.

Edith Böhm trauert den alten Eichen ein wenig nach. Sie geht noch heute gern hinüber in den Wald, ein warmer, trockener, nach Harz duftender Kiefernwald, dahinter ein dunkler Bruch und dann die Teiche, an denen das Schilf leise raschelt, auf denen Seerosenteppiche treiben und in denen sich Eichen im Wasser spiegeln. Die Wiesen, der Wald, die Teiche um den Erlengrund herum sind nicht einsam – man muss sich nur geduldig einlassen auf einen anderen Rhythmus der Zeit, auf kleine Bewegungen vor großen Kulissen.

»Fuchs und Hase sagen sich hier Gute Nacht, buchstäblich«, erzählt Edith Böhm. Ihr gefällt das. Auch Hirsche schauen zuweilen vorbei am Erlengrund, und die Rehe knabbern im Winter manchmal an ihren Rosensträuchern. Im Herbst kommen schnatternd und singend die Wildgänse über den Wald gezogen. Jede Jahreszeit hat ihre eigenen Bilder. Edith Böhm ist zu jeder Jahreszeit draußen. Es ist der Wechsel der Landschaft, das Kleinteilige, das nahe Beieinander – Dorf, Teich, Wald, Wiese, Bach und Erlenbruch –, das Edith Böhm liebt an ihrer Lausitzer Heimat. Das wissen auch ihre Feriengäste schnell zu schätzen. Das Fahrrad ist hier das beste Fortbewegungsmittel. Es bleibt Zeit, mit den Augen die Landschaft aufzusaugen, die immer neuen Kulissen und Bilder, die vorbeirollen, und es bleibt Stille, um zu hören. Und wenn die Feriengäste von ihren Ausflügen zurückkommen zum Erlengrund, dann erwartet sie die freundliche Pensionswirtin und der heimelige Hof. Unterm Schauer hängen die Maiskolben, reif und gelb,

Hornissen haben in einer ehemaligen Buntspechthöhle ihr Nest angelegt. Zwei Tiere wachen am Eingang, zwei andere weben aus selbst hergestelltem Papier einen Vorhang zum Schutz vor Zugluft.

zusammengebunden zum Trocknen. Kürbisse, leuchtend orange, liegen am Fuß der Holzpfosten. Die Dachrinne endet in einem steinernen Trog, ihr entgegen windet sich mit fasrigem Holz ein Blauregen. Auf dem Pflaster tollen zwei kleine, rotbunte Kätzchen, im Stall stehen die drei Ponys, die Schwalben brüten im Sommer über ihren Köpfen im Gewölbe und ganz oben unterm Gebälk, da hausen Fledermäuse, glaubt Edith Böhm. Wenn die Dämmerung hereinbricht, sieht sie die Tiere huschen zwischen den Kronen der alten Obstbäume neben der Hofstelle. Nicht nur die Urlauber tanken Kraft auf dem Ferienhof Erlengrund bei der liebenswürdigen Pensionswirtin. Auch Edith Böhm selbst zieht ihre Kraft aus dem Hof, aus der Landschaft, aus dem Heimatgefühl. Kraft, die die Frau braucht. Ihr Mann hatte einen Arbeitsunfall. Geistig und körperlich schwer behindert sitzt er seitdem im Rollstuhl. Es ist ein Schicksal, das sich niemand aussucht. Es ist ein Schicksal, das Edith Böhm angenommen hat. Sie pflegt ihren Mann zu Hause. Diese Kraft, die ihr das Land gibt, die Wiesen, der Wald – sie kann sie gut gebrauchen.

Die Gartenspitzmaus fühlt sich in naturnahen Gärten mit einem reichlichen Angebot an Insekten, Schnecken und Würmern besonders wohl.

Ländliches Idyll: Kraniche läuten mit ihren Trompetenrufen den Morgen ein.

Solche Alleen sind wichtige Lebensräume für Singvögel oder Spechte, deren Höhlen auch gern von Fledermäusen nachgenutzt werden.

Zwiebeln hängen zum Trocknen in der Scheune an den lange nicht mehr benutzten Heuwagenaufsätzen.

Das lila Leuchten

Im Frühherbst verwandelt die Heideblüte die sonst von Brauntönen geprägte Kiefernheide in ein farbenprächtiges Naturparadies.

Herbert Röhle hat seinen Bienenwagen im Kiefernwald gleich neben der Heidekrautfläche platziert. Täglich wird kontrolliert, ob alles in Ordnung ist.

Das lila Leuchten

Sie kommen angesaust, bremsen ab, schweben ein und krabbeln in den Stock. In die gelben Fluglöcher die einen, in blaue oder rote die anderen. Ständig hängt eine kleine Wolke vor dem Bienenwagen, steigt auf und ab und wartet darauf, ihre süße Last loszuwerden. Während die einen landen und in den Stock krabbeln, kommen die anderen schon wieder heraus und schwirren summend ab. Vergnügt schaut Herbert Röhle seinen fleißigen Arbeiterinnen zu. Der Bienenwagen steht am Rand der Heide, es ist nur ein kurzer Flug bis zu den Blüten. Der Sommer ist weit fortgeschritten, die ersten Spinnweben machen sich auf die Reise und in mancher Nacht netzt jetzt schon der Tau. Das Bienenjahr neigt sich dem Ende, aber furios. Die Heide ist der Höhepunkt der Reise von Herbert Röhles Bienen durch die Flora der Lausitz.

Den Reigen eröffnet die Haselnuss, schon im Februar können die Bienen hier Pollen holen, dann kommen die Frühblüher, Krokus und Schneeglöckchen, aber auch die Erlen, die Birken, die Pappeln und natürlich die verschiedensten Weiden. Bäume, die sich an den Teichen wohl fühlen. Doch an diesen frühen Honig, »da kommt der Imker nicht ran«, sagt Herbert Röhle. Das ist Bienenweide, das brauchen die Tiere, um das Volk zu entwickeln. Etwa 20 000 Bienen pro Volk überwintern im Stock. Auf bis zu 100 000 Tiere ist das Volk angewachsen, wenn es im Frühsommer seinen Höhepunkt erreicht. Für den Imker gibt es dann immer noch genug zu ernten, meint Herbert Röhle.

Draußen am Tor seines Hauses in Klitten lockt ein Schild: Honig aus eigener Imkerei. Dazu ein Bienenstock, wie er dereinst Till Eulenspiegel als Sänfte diente – Herbert Röhle kennt sie noch, die Bienenkörbe der Großväter. Seit fast 60 Jahren ist er Imker. Der heute 73-Jährige war noch ein Junge, als er mit der Imkerei anfing. Der Krieg war gerade vorbei, als ein Onkel seiner Mutter den 15-jährigen Herbert für die Bienen begeisterte. »Angefangen hab ich mit einem Stock«, erzählt er. Einen starken Schwarm hatte er da, aber was für einen. »Das waren Stecher«, entsinnt sich der Imker, »überall sind mir die Bienen reingekrochen und haben zugestochen, meine Hände waren völlig verquollen. Diese Bienen haben die Tauben vom Dache gestochen, so müsste man das sagen«, erinnert er sich lachend. Das werde mal ein Imker, sagten die Alten anerkennend über den Jungen mit den zerstochenen Armen, das hätten sie kaum ausgehalten. Und sie sollten Recht behalten. Herbert Röhle blieb dem Hobby zeitlebens treu. Aber was heißt Hobby. Bis zu 56 Völker hatte er schon gleichzeitig, das bedeutet richtig Arbeit. Es ist nicht damit getan, den Bienchen beim Nektarsammeln zuzuschauen. Die Völker müssen kontrolliert werden, der Wabenbau gesteuert, Parasiten bekämpft, neue Königinnen gezüchtet und schließlich muss der Honig geholt, geschleudert

Eine Honigbiene sammelt Pollen des Thymians, der wie das Heidekraut Unmengen winziger Blüten hat. Zigtausendmal müssen die Bienen in das Blütenmeer tauchen, um genügend Nektar für den wertvollen Heidehonig sammeln zu können.

und abgefüllt werden. »Einen Zweiachser-Bienenwagen hatte ich damals, der war vollgummibereift«, erzählt Herbert Röhle von seinen imkerischen Glanzzeiten in einem Ton, als würde er von einem Achtzylinder-Mercedes schwärmen. Aber so etwas Ähnliches war sein Bienenwagen wohl auch. Der rollte Jahr für Jahr in jedem Frühjahr in den Raps. »Die erste Tracht, die wir richtig ernten können«, sagt der Imker zufrieden. Wenn sich in der Lausitz die Felder strahlend gelb färben, dann warten Blüten über Blüten auf Herbert Röhles Bienen. Die Bauern sehen den Bienenwagen gern am Feld. Bestäubter Raps bringt bessere Erträge. Und dem Imker einen hellen, fast weißen Honig mit kräftigem Geschmack. Die Bienen helfen nicht nur der Landwirtschaft durch Bestäubung, sie erhalten auch die Artenvielfalt bei Pflanzen, Bäumen und Sträuchern, die wiederum mit ihren Samen, Früchten und Zapfen die Nahrungsgrundlage vieler anderer Tiere bilden. Nach dem Raps kommt die Robinie, Akazie, wie der Baum volkstümlich oft genannt wird. Einen hellen Honig, fast klar wie Wasser bringt die Robinie, denn sie liefert den Bienen keinen Pollen. Der Robinienhonig kandiert kaum. Die anderen Honigarten aber müssen kandieren, sagt Herbert Röhle, daran erkennt man die Güte. Er weiß, wie man Honig behandeln muss, dieses reine Naturprodukt, das so köstlich süß ist und gesund obendrein. Er weiß, was Honig ist und was sich nur so nennt: wo die Fermente und

Die farbigen Markierungen an den Einflugöffnungen dienen den Bienen als Orientierungshilfe.

Enzyme längst zerstört sind. Nicht auf das Aussehen kommt es an, sondern auf die Inhalte. Bienenhonig in Deutschland aber wird zu 80 Prozent importiert. »Das meiste«, sagt Herbert Röhle abfällig, »ist kein Honig, sondern eine süße Masse.«

Sein Honig dagegen ist ein wahres Heilmittel, auf das er selbst schwört. Nicht, dass er es nötig hätte. Der 73-Jährige ist drahtig und beweglich wie manch Junger nicht. Voll Unrast, denn es gibt immer etwas zu tun, wenn nicht mit den Bienen, dann am Haus oder im Wald, der zu seinem Grundstück gehört. Auch zum Wald, zum Holz vor allem, hat er eine besondere Beziehung. Wer mit Herbert Röhle rund um sein Dorf Klitten unterwegs ist, der muss dauernd nach oben schauen. Nicht weil dort Bienen schwärmen. Herbert Röhle war Zimmermann und hat Dächer gezimmert. »Das da hab ich gemacht und das da drüben mit der Gaupe auch«, zeigt Herbert Röhle. Er hat viele Spuren hinterlassen rund um sein Heimatdorf, nicht nur an den Dächern, auch darunter. Nach seiner Zeit als Zimmermann war er 32 Jahre lang Lehrer für Sport und Polytechnik. Herbert Röhle ist immer noch geschickt mit den Händen, unter seinen flinken Fingern gedeiht vieles. Und es hält ihn immer noch nicht im Haus. »Ich muss raus, ob es stürmt, schneit oder gewittert«, sagt er fast ein wenig ungeduldig, als müsste er beständig an Ketten reißen. Mit seinem Moped sieht er nach seinen Bienen, knattert stille Waldwege entlang

Das Kleine Habichtskraut ist bestens an seinen Lebensraum angepasst. Die behaarten Stängel und Blätter halten den Morgentau fest, damit die Pflanze auch lange Trockenheit überstehen kann.

oder staubige Feldwege, sandige Fahrspuren in der Heide oder glatt asphaltierte Landstraßen.

Nach den Robinien zieht es den Imker mit seinen Bienen in den Wald, um den Honigtau zu ernten. Raffiniert kommen die Bienen an den Süßstoff: Sie melken Lekanien. Diese Läuse bohren sich mit ihren Rüsseln in die jungen Triebe der Bäume. Und schon schießt der Baumsaft in sie hinein, die Läuse müssen nicht einmal saugen, der Druck in den Leitungen der Bäume presst den Saft förmlich durch die Laus. Die kann gar nicht so viel aufnehmen – und um nicht zu platzen, sondert sie am Hinterleib den Saft, den Honigtau ab. Dort aber warten nicht nur die Ameisen, die sich die Läuse wie eine Herde Milchkühe halten und sie verteidigen gegen Blattlaus fressende Marienkäfer zum Beispiel – dort warten auch Herbert Röhles Bienen und holen die süße Tracht. In den Morgenstunden müssen sie fleißig sein, bevor die Hitze des Tages den winzigen Tropfen eindampft. Der Lohn der Mühe ist ein Waldhonig, dunkel, fast schwarz, der nach Malz schmeckt und gewürzt ist mit dem Aroma von Waldblumen und -sträuchern, vom Fingerhut, der Brombeere, dem Faulbaum und dem Waldmeister.

Raps-, Linden-, Robinien-, Waldhonig – das gibt es in vielen Gegenden Deutschlands. Eine Honigsorte freilich, die kann nicht jeder Imker ernten, da muss man schon wohnen wie Herbert Röhle: mitten in der Heide. Heidehonig glänzt wie

Hasenklee trägt seinen volkstümlichen Namen auf Grund der buschigen und hasenschwanzförmigen Blütenstände.

Sandstrohblumen sind häufig auf offenen, trockenen Böden zu finden.

Die Blüten der Besenheide kann man als harntreibenden oder schleimlösenden Tee verwenden.

heller Bernstein, er duftet intensiv, »das ganze Haus riecht nach violetten Blüten, wenn wir den Heidehonig ernten«, schwärmt Herbert Röhle. Das Ernten ist nicht ganz einfach. Der Heidehonig sitzt fest in der Wabe, es braucht ein spezielles Gerät, um ihn zu lösen. Aber die Mühe lohnt sich, der Heidehonig ist der teuerste im Angebot, auch er kandiert nicht, sondern bleibt cremig.

Mitte August flammt die Heide auf, beginnt das große lila Leuchten. Millionen und Abermillionen kecker kleiner Glöckchen an den Zwergsträuchern recken sich dann empor, Myriaden von Blüten, eine Fülle und ein Überschwang, der etwa vier Wochen anhält. So schnell können Herbert Röhles Bienen dann gar nicht durch die Luft brausen, um all den Nektar und Pollen zu sammeln, dieses Fest der Farben und Düfte in der Heide zu feiern. Habichtskraut reckt gelb seine Blüten im Reigen mit der Sandstrohblume, in aromatischem Violett zeigt sich der Thymian, in elegantem Rot die Heidenelke und weiß blüht noch die Brombeere. Es ist die hohe Zeit des ausklingenden Sommers, wenn der Sand so heiß wird, dass der Sandlaufkäfer nur mehr auf den Spitzen seiner Füße balanciert, um sie nicht zu verbrennen. Es ist auch die hohe Zeit der Bienenwölfe.

Sie lauern auf die Honigbienen. Geschickte Jäger, die auf den Blüten sitzen und warten, bis die Bienen kommen, um sie dann zu rauben. Ein geschickter Stich, und die Bienenwölfe schleppen die Honigsammlerinnen mit sich fort in ihren Bau. Den legen die Grabwespen bevorzugt in warmen, trockenen Gebieten an und dorthinein werden die gelähmten Bienen gebracht. Sie sind Nahrung für die Brut der Bienenwölfe. Die neue Generation der Wespen entwickelt sich in den Bienen. Andere Wespen kommen zum Bienenstock, auch sie wollen rauben, aber sie haben es nur auf den

Das Bienenwolfweibchen trägt eine narkotisierte Honigbiene am Bauch. In der Bruthöhle wird diese dann als Nahrungsreservoir für die Nachkommenschaft dienen.

Honig oder tote Bienen abgesehen. Hornissen holen sich ebenfalls Bienen. Die Wächter des Volkes passen nicht umsonst am Bienenstock auf.

Die Bienen durchlaufen in ihrem vier- bis sechswöchigen Leben eine schnelle, aber steile Karriere. 21 Tage vergehen, bis die Made aus dem Ei geschlüpft ist, sich verpuppt und schließlich als Biene aus der Wabe hervorkrabbelt. Danach ist sie zunächst Putzbiene: Nicht nur die Waben sind zu säubern, auch der ganze Stock wird reinlich gehalten. Nach der Putzerei wird sie Ammenbiene, die den Nachwuchs mit Futtersaft versorgt, bevor sie Baubiene wird, die Wachs ausschwitzt aus einer Drüse, um schließlich ihren Bau zu verteidigen als Wächterbiene, notfalls mit ihrem Leben. Dann erst wird sie eine Honigsammlerin und schwebt hinaus in Wald und Heide.

Eine dicke, braun-weiße Hummel summt vor dem Stock. Auch die Hummel will den Pollen rauben, sie packt eine Biene und stiehlt, was diese an ihren Hinterbeinen geklebt mit nach Hause bringt. Dann dreht die Hummel brummelnd ab. »Auch Hummeln sind nützlich, sie brechen die Knospen auf, dann kommen auch die Bienen zum Zug«, meint der Imker. Vorsichtig nimmt Herbert Röhle eine Wabe aus dem Bienenkasten. Über- und nebeneinander krabbeln die Bienen, mittendrin die Königin. Nur keine Zugluft für die aristokratische Dame. Das bekommt ihr nicht. Eier muss sie legen, 1500 bis 2000 jeden Tag.

»Die Königinnen sind das A und O«, sagt Herbert Röhle. Die Arbeiterinnen schuften sich buchstäblich zu Tode, sechs Wochen sausen sie von Blume zu Blume, damit die Königin Nachwuchs produzieren kann. Grüne Königinnen hat Herbert Röhle und blaue. Jede Farbe steht für das Jahr des Schlupfes. Die nächsten werden rot, gelb und weiß – mit Punkten auf dem Rücken sind die Königinnen gekennzeichnet, damit der Imker die Zucht im Auge behält. Nur die Sorge um den Nachwuchs bekümmert ihn. Nicht bei den Bienen. Sondern bei den Imkern. »Uns fehlen die Jungen.« Herbert Röhle hält die Imkerei für das schönste Hobby der Welt. Herr über Königinnen zu sein – wer kann das schon von sich behaupten.

Bild links:
Wenn sich der Heidesand im Hochsommer auf mehr als 60 °C erhitzt, kann selbst der Braune Sandlaufkäfer nur noch auf »Zehenspitzen« stehen.

Ein Dreihornmistkäfer schleppt für seine Larven Hirschlosung in die bis zu anderthalb Meter tiefe Höhle, die er in den weichen Sand gegraben hat.

Die weisse Wolke

Diese Binsenwiese liegt in einer kleinen Senke. Hier sammeln sich Feuchtigkeit und die Kälte der Nacht, so dass sich am Morgen Tautropfen bilden, die millionenfach das Sonnenlicht reflektieren.

Thomas Stille ist Schäfer mit Leib und Seele, wetterfest, wortkarg und mit einem großen Herz für seine Tiere.

Die weisse Wolke

Auf jede Schulter lädt Thomas Stille ein dickes Bündel Koppelzaun. Mit langen Schritten geht er los, legt den Zaun aus, dreht um und tritt mit kräftigem Schritt die Pfosten in die Wiese, holt die nächsten Bündel und zieht neue Meter Zaun. Er arbeitet schnell und konzentriert und hat keinen Blick für die 250 Paar Augen, die immer wieder hochschauen, den kräftigen Mann mit den kurzen Locken mustern. Dann öffnet Thomas Stille den alten Zaun und gibt den Zugang frei in das neu eingekoppelte Stück Wiese. Und nun springen sie, drängeln sich aneinander und fliegen wie eine weiße Wolke hinüber auf das neue Grün. Dort senken sich die Köpfe und nun löst sich die Wolke auf und wird wieder zu einzelnen Tieren, die eifrig am Gras zupfen und in verschiedene Richtungen auseinander streben. Thomas Stille lässt den Blick kurz über die Herde streifen, mustert die Tiere eindringlich. Alles gesund und munter. Dafür ist ein Schäfer schließlich da: Obacht zu geben auf die Herde, auf seine Tiere, auf jedes einzelne.

Thomas Stille baut den alten Zaun ab und verstaut ihn in seinem Geländewagen. Der Schäfer muss los, die 250 Schafe hier haben erst einmal wieder zu fressen. Er muss weiter zur nächsten Herde. Seine Tiere sind in einem Umkreis von fast 20 Kilometern verstreut. Sie sind nicht etwa entlaufen. Aber die Wiesen, auf denen Thomas Stille seine Schafe stehen hat, liefern nicht genug Futter für über 800 Tiere. Es sind naturbelassene Wiesen. Da wächst kein EU-Einheitsgrün. Da wächst die Sumpfdotterblume, die Kuckuckslichtnelke, das Sumpfblutauge. Da mischen sich Binsen zwischen das Gras. Aber sogar die harten Triebe der Binsen knabbern Thomas Stilles Schafe an. Schließlich sind es Moorschnucken.

Die Schnauzen nicht so lang, das Fell nicht so dick und wollig, sondern feiner – schnuckelig sehen die Schnucken aus. Freundlich schauen sie, aber auch ein bisschen listig. Der Eindruck täuscht nicht. »Die sehen zwar aus wie Schafe, aber es sind doch mehr Ziegen«, sagt Thomas Stille. Er meint das charakterlich. Stur und unberechenbar sind die Moorschnucken, halt wie Ziegen. »Wenn mitten auf dem Weg eine Pfütze ist, da geht keines durch. Aber wenn sie abhauen, dann machen sie sogar durch einen Wassergraben, das stört die dann gar nicht«, sagt der Schäfer.

Die Moorschnucken sind weiße, hornlose Heidschnucken. Eine seltene Rasse, sie war schon vom Aussterben bedroht. So wie vieles, was die Moorschnucken jetzt erhalten. Die Tiere pflegen die Wiesen, indem sie sie abfressen. Es sind Wiesen, auf denen Technik versagt oder die seltenen Bewohner umbringen würde. »Auf manchen Wiesen müssen wir selbst bei 30 Grad im Sommer Gummistiefel anziehen, so nass sind die«, sagt Thomas Stille. Andere Wiesen sind extrem trocken. Überall leben Pflanzen und Tiere, die spe-

Solche Stimmungen erlebt der Schäfer regelmäßig, denn er muss früh raus, um seine Herde zu kontrollieren.

ziell an solche extremen Standorte angepasst sind. Und die Moorschnucken gehören dazu. Sie können auf Feuchtwiesen fressen, ohne die Moderhinke zu bekommen, eine Hufkrankheit, die andere Rassen befällt auf nassen Wiesen. Und sie können die spärlichen Halme auf Trockenwiesen verwerten. Thomas Stille kann seine Schafe nicht einfach auf Wiesen treiben, wenn das Futter für seine Tiere am besten steht. Er muss Rücksicht nehmen auf Brutzeiten von Vögeln, auf Blühzeiten von Blumen oder den Nährstoffbedarf von Pflanzen. Also gibt es genaue Pflegepläne. Sie schreiben ihm vor, wann er seine Tiere wo grasen lassen muss.

Der Schäfer brummt. Es klingt etwas gereizt. Thomas Stille ist kein Mann, der sich gerne etwas vorschreiben lässt. Er ist groß geworden in einem Haus, wo der nächste Nachbar 100 Meter entfernt wohnte. »Wenn drei Häuser nebeneinander stehen, das ist mir schon zu enge«, sagt der Schäfer. In einer Stadt könnte er gleich gar nicht leben. In den Weiten Kanadas oder Australiens – das könnte er sich vorstellen. Die Lausitz kommt dem im dicht bevölkerten Deutschland noch am nächsten. Als Kind hat Thomas Stille die Ferien beim Großvater verbracht, wochenlang manches Jahr. Der Großvater war Schäfer. Die Arbeit in der Natur, die Unabhängigkeit, die Freiheit, das hat Thomas Stille gereizt an seinem Beruf. Missmutig nimmt er hin, dass auch er immer mehr Zeit am

Nur noch selten zu finden ist die Dachziegelige Siegwurz, eine wilde Gladiolenart. Auf einer Wiese im Biosphärenreservat wachsen davon so viele Pflanzen wie nirgendwo sonst in Sachsen.

Die Blüten der Kuckuckslichtnelke setzen rosarote Farbtupfer in das Grün der Feuchtwiesen.

Hunderte Tropfen trägt das Radnetz einer Kreuzspinne und reißt trotzdem nicht.

Schreibtisch verbringen muss. Immer mehr Papier. Thomas Stille zieht es hinaus. Verantwortlich für seine Tiere, verantwortlich für seine Arbeit – so will es der Schäfer, der auch schon auf dem Bau gearbeitet hat, als er sonst keine Anstellung fand. Harte körperliche Arbeit. »Schäfer sind schwere Charakter«, sagt er. »Eigenbrötler halt.«

Thomas Stille scheut keine Arbeit. Das Gespräch darüber aber behagt ihm nicht. Er tut, was zu tun ist. Arbeit hat ein Schäfer reichlich. Im Frühjahr lammen die Schnucken. Welche Stalltür man dann auch öffnet: Es blökt. Ein vielstimmiger Chor. Tiefe besorgte Tonlagen – das sind die Mutterschafe. Kläglich meckernde – das sind die Lämmer, gerade katzengroß, die ihre Mütter suchen. Glücklich kollernde – das sind die, die ihre Mutter gefunden haben. Und die Hütehunde bellen in ihren Zwingern und vervollständigen das Konzert. Dann gehen die Herden hinaus, Koppeln sind abzustecken, Heu muss gemacht werden, die Pflegepläne sind einzuhalten, die Tiere müssen geschoren werden, zweimal im Jahr. Thomas Stille arbeitet nicht nur als Schäfer. Er ist auch Geburtshelfer und Friseur für seine Tiere. Um die 40 Kilogramm wiegt eine Moorschnucke, das ist nicht schwer für ein Schaf. Aber 40 zappelnde Kilo festzuhalten, auf den Rücken zu drehen und dabei zu scheren – dafür braucht es Kraft.

»Am Sonntag kommt der Viehaufkäufer. Ich hör ihn schon schimpfen«, sagt Thomas Stille. Viel Arbeit machen die kleinen Schafe, liefern aber nicht viel Fleisch. »Schnuckenschäfer« sagen manche abfällig. Wirtschaftlichkeit ist mit der Rasse nicht zu erzielen. Texelschafe, Schwarzköpfe oder Ostfriesische Milchschafe dominieren heute die Wiesen. Aber auch bei ihnen gilt: Von Fleisch und Wolle allein kann kein Schäfer mehr leben. Es ist trotzdem ein Beruf mit Zukunft. Die Schäfer pflegen die Landschaft.

Im Winter zieht Thomas Stille in die Heide. Er nimmt nur einen Teil der Herde mit. Nicht nur, weil 800 Tiere schwer zu beherrschen sind, sondern weil er für die Heide die kräftigen, ausgewachsenen Tiere auswählt. Er hütet den ganzen Tag. Am Abend haben die Tiere den Bauch voll, aber fett werden sie von der Heide nicht. Auf den kargen, armen Böden wachsen Pflanzen, die zurechtkommen, aber nicht viel Energie spenden. Am Ginster knabbern die Schafe, an den Birken, selbst an den Spitzen der Kiefernnadeln. Aber vor allem fressen sie am Heidekraut. Sie verbeißen die Spitzen, kürzen die Jungtriebe, rupfen Blattmasse. Und indem sie die Heide fressen und dabei verjüngen, erhalten sie diese. Ohne regelmäßige Pflege würden die Zwergsträucher verkahlen. Die Lausitz ist Kulturlandschaft. Was sie heute prägt – die Teiche, die Heiden, selbst die Wiesen und Wälder – ist Menschenwerk. Auch wenn die Landschaft natürlich wirkt, die Teiche wurden gegraben, die Heiden beweidet, die meisten Wälder gepflanzt und gepflegt. Die Leute früher büßten schnell, wenn sie gegen die Natur wirtschafteten. Erst als die Technik gewaltige Maschinen lieferte, die Chemie das Getreide wachsen ließ, die Transportmöglichkeiten von der eigenen Region unabhängig machten – da pfiff der Mensch auf den Einklang mit der Natur. Was sanft umgestaltet worden war, war nun erneut bedroht, auch in der Lausitz. Kohlebagger pflügten alte Dörfer unter und Heide, fraßen Wald und Wiese und Teiche. Doch es gab Heide ohne Kohle darunter und ohne andere Schätze. Dass die Landschaft als solche ein Schatz ist, dieses Bewusstsein liegt dem Biosphärenreservat zugrunde. Deshalb zieht Thomas Stille mit seiner Herde hinaus.

Für die Pflege der Wiesen, aber auch für die Betreuung von über 140 Storchennestern oder für Umweltbildung hat sich vor einigen Jahren ein Verein gegründet. Bei diesem Förderverein für die Natur der Oberlausitzer Heide- und Teichlandschaft ist Thomas Stille angestellt.

Natur hat ein Schäfer reichlich. So reichlich, dass sie ihm mitunter in die Quere kommt. Wenn Thomas Stille in der Heide hütet, dann kann er kein Auge von der Herde lassen und ein wenig träumen. Jederzeit kann sein Hund einen Hasen aufstöbern und der Jagdtrieb mit ihm durchgehen – obwohl die Hütehunde selbstverständlich aufs Wort hören. Jederzeit kann ein Reh oder Hirsch mitten durch die Schafe springen und schon ist seine Herde auseinander im unübersichtlichen Gelände, wo Baum- und Buschgruppen wachsen. Thomas Stille kennt nicht alle Schafe. Einige schon. Manche haben ein markantes Äußeres – sie haben irgendwo einen schwarzen Punkt. Andere haben einen markanten Charakter. Sie sind immer die ersten. Die ersten, wenn die Herde ruhig zieht, aber auch die ersten, wenn sie auseinander springt. Da muss der Schäfer hinterher sein. Er ist dort draußen auf sich allein gestellt.

So ist es nicht nur Tradition, wenn ein Schäfer die Schäfertracht zum Hüten anzieht. Die schwarze Schäferweste mit den drei Knopfreihen. Die stehen für 36 Hütewochen im Jahr. Die Knöpfe am Kragen für die zwölf Stallwochen. Der Rest ist frei. »Schön wär's«, lacht Thomas Stille. Den breitkrempigen Schäferhut trägt er, dazu den Schäferstab und die Tasche und die Bandeliers, die breiten Lederbänder quer über der Brust. Es hat sich so bewährt und es wird gebraucht. Die Kleidung schützt vor den Unbilden des Wetters, mit dem Stab kann der Schäfer ein Schaf einfangen und an die Bandeliers hängt Thomas Stille die Hunde. Hexe ist ihm am liebsten. Sie ist der erfahrenste der Altdeutschen Hütehunde, auch so eine alte Rasse, mit der Thomas Stille arbeitet. Und in der Tasche hat der Schäfer, was er so braucht. Ein Klauenmesser zum Beispiel oder den Farbstift. Etwas zu essen und zu trinken. Und das Handy. »Ein Fluch«, stöhnt Thomas Stille. Aber die Moderne hat den Schäfer eingeholt. Auch wenn er sonst eins ist mit der Natur, während er mit den Schafen die Heide hütet. So eins, dass nicht einmal die Seeadler oder die Wildgänse zurückschrecken. Die Heide und der Schäfer, die gehören einfach zusammen, das wissen selbst die Tiere hier.

Ein typischer Bewohner des Wiesenkosmos ist der Grashüpfer. Seinen Gesang kennt jeder, dass er dafür aber die Hinterbeine an den Flügeln reiben muss, wissen nur wenige.

Wenn Gefahr droht, bilden die Moorschnucken einen Kreis. Die Tiere im Zentrum verharren still, die an der Peripherie rennen um den Mittelpunkt.

Der Tau an einer kopfüber unter ihrem Fangnetz hängenden Gemeinen Baldachinspinne wirkt wie eine Lupe und lässt jede Einzelheit ihrer Mundwerkzeuge erkennen.

Mit einem Altdeutschen Hütehund dirigiert der Schäfer seine Herde zur nahe gelegenen Feuchtwiese, die wegen der Orchideen regelmäßig kurz gehalten werden muss.

Mein herzlicher Dank gilt

meinen Freunden Matthias Werner und Jan Noack
für die gemeinsamen Fotoaktionen,
Fischer Dietmar Bergmann für die Möglichkeit,
in seinen Teichen uneingeschränkt fotografieren zu können,
den Nachbarn Willi Schneider und Erhard Klippe
für wertvolle Hinweise zur Dürrbacher Natur,
Tierpflegerin Annette Schneider für die Hilfe bei den Fischotter-»Shootings«,
Förster Carsten Großmann für den Intensivkurs
»Jagd, Waldbau und Waldstrukturen« in der Lausitz
und im Besonderen
meiner lieben Frau und unseren drei Töchtern.

Axel Gebauer

Gefördert durch die Gemeinschaftsinitiative LEADER+
der Europäischen Union.
Die Herausgabe des Buches wurde unterstützt vom
Staatlichen Amt für Ländliche Entwicklung Kamenz
und vom Landratsamt Bautzen.
Unser Dank gilt auch der Verwaltung des Biosphärenreservates Oberlausitzer Heide- und Teichlandschaft
für die fachliche Beratung.

Lektorat: Karin Damaschke, Dr. Frank Stübner
Gestaltung und Grafiken:
DominoPlus, Ralf Reimann, Bautzen
Schriftsatz und Reproduktion:
Kontrapunkt Satzstudio Bautzen
Druck und Binden:
Westermann Druck Zwickau GmbH
Printed in Germany
ISBN 3-936758-28-X